Gilberte COURTILLE

W0311608

LA CHATTE AUX THERAPIES

NOUVELLES EDITIONS DEBRESSE

ISBN 2-7164-0221-3

A Frédéric, compagnon de ma vie,
qui, par amour de moi, a adopté Julie ;

A Daniel, cet amoureux des chats,
qui partage avec moi
les faveurs de Julie ;

A « L'Autre »
qui m'a tant houspillée
pour me faire rédiger
cet écrit sur Julie ;

A mes patients, enfin,
qui, dans leur thérapie
ont cheminé avec Julie.

PREFACE

par André de PERETTI

Les moralistes indiens et, à leur suite, Esope avant La Fontaine, de même que les conteurs africains, avaient pris soin de nous entretenir de nos rapports apparents ou plus secrets avec les animaux, pour ce qu'ils nous apprennent viscéralement sur la vie : la leur ou la nôtre tissées dans des récits ou dans des dialogues où il ne nous déplaît pas de nous reconnaître et d'en tirer leçons et agréments sinon profit.

Les contes et les fables ont pu d'autant mieux avoir crédit sur nos logiques et nos imaginations qu'un animal a pu être le compagnon de notre enfance. Transitionnel entre le jouet inerte et l'être doté de vie mis à notre portée, l'animal a pu escorter certaines de nos jeunesses, tristes ou délurées ; il a pu soutenir nos désirs inassouvis ou supporter la charge de nos émotions et de nos peines ; avec lui il a pu être possible de communiquer ou de trouver un refuge silencieux mais chaud. Et il ne nous est pas difficile, dès lors, d'imaginer qu'il peut nous adresser la parole et nous apporter une aide tranquille. Nous pouvons donc lire avec un vif intérêt les récits et dialogues en direct que nous propose Gilberte Courtille et qui mettent en mouvement, devant nos sensibilités, la Moune, Arabesque ou la divine Julie en communication avec de multiples personnalités en débat intérieur.

Car, en fait d'animaux, il s'agit, dans les pages qui suivent, non pas de n'importe quels quadrupèdes ou reptiles, mais de représentants de cette espèce féline qui avait été présentée à notre révérence par les soins des embaumeurs égyptiens, déités choyées et si proches : des chattes aux regards fixes et droits portés sur nous, aux pupilles troublantes comme celles de la chouette si chère aux presciences helléniques, tantôt boules rondes et tantôt détentes surprenantes. Au-delà de toutes les expressions symboliques auxquelles ce félin de petit format est associé (déjà au plan sexuel, ou en la forme du chat dans la gorge, sinon du chat qui dort), il apparaît comme un personnage double : à la fois proche et distant, câlin et rebelle, en abandon apparent et cependant en vigilance, exprimant aussi bien froideur que chaleur, domestique et sauvage, égotiste tranquille aussi bien que compagnon fidèle et inquiet. En surcroît de ces variétés d'ambivalence propices à nos projections imaginatives, il expose une image de petite volupté, selon une satisfaction ronronnante, et celle d'une familiarité combien touchante et néanmoins de moindre encombrement. Cet animal est habituellement connu comme l'ami des écrivains et aucun d'eux n'est vulgaire, mais ses comportements rendent fragile la frontière entre la douceur et la cruauté, le compagnonnage et l'indépendance, l'objectivité et nos subjectivités.

On comprend que cet animal familier et ombrageux puisse s'introduire de lui-même dans les relations les plus sérieuses : en tiers non pas « instruit » mais instructif. Il faut remercier l'auteur des pages présentes de nous avoir conté avec simplicité, avec humour (cette lucidité qui tourne en chaleur et tendresse), une belle histoire où de petits drames instinctifs viennent s'entremêler en « entrechats », à des drames plus profonds, aidant à leur progressif apaisement. Si important que soit, pour l'être humain, le langage verbalisé, celui-ci n'absorbe pas la totalité du symbolisme nécessaire à nos vies et que notre corps peut aussi exprimer au travers de sa matérialité. Animal social, avait dit de nous (et de lui) Aristote : social oui, s'il consent à se ressentir animal, en contact avec d'autres (animaux), touché par l'élan de la vie, et tolérant les tractions de ses cerveaux reptiliens et limbiques ! Le cœur a ses raisons... nous rappelait Pascal ; le corps aussi, et il peut « réfléchir » nos turbulences ou notre congruence, que l'on soit thérapeute ou client, pour le plus grand profit de la « gent » chatte (ou l'agent ?).

Je ne doute pas du plaisir que nombre de lecteurs pourront retirer des péripéties qui sont ici décrites. Elles peuvent les inciter à se retourner vers leur propre passé de façon chaleureuse (« chat-l'heureuse » !) mais aussi à méditer au plan méthodologique le problème de la « neutralité » supposée nécessaire à toute thérapie. Où s'arrêtent les identifications ? Par quels biais, accueillis ou masqués, les transferts, décharges émotionnelles ou projections réflexives peuvent-ils être induits ou favorisés ? Que faut-il cacher de nous-même ou de notre cadre de vie et de nos ressentis propres ? Quel équilibre sage faut-il établir pour une juste maîtrise de nos contre-transferts ? Quel espace aseptisé peut-on espérer construire pour mettre en accueil exact la souffrance d'autrui ? Les réflexions et références professionnelles que Gilberte Courtille a insérées si fortement dans son récit-apologue peuvent contribuer à un approfondissement sérieux de ces déterminations essentielles à la thérapie et à toute relation humaine, aux plans pratique et théorique. Où il advient de se ressouvenir de l'adage qui nous dit qu'on a toujours besoin d'un plus petit que soi, ou des jeux de langage qui pourraient nous rappeler la vertu des « chat-rismes » pour de nouvelles histoires à vivre.

André de PERETTI
2 janvier 1993.

AVANT-PROPOS

Ce livre est né de mon expérience thérapeutique avec mes patients. A ce titre, c'est d'abord à eux que je le dois, et je les en remercie.

Mais le personnage principal de ce travail, est un chat — ou plus précisément une chatte. Les circonstances ont fait que peu à peu, au cours de ma pratique, j'ai pu me risquer à introduire ce tiers dans mon cabinet de consultation. On s'en doute : il n'est pas resté inaperçu. Très vite, il s'est trouvé pris en compte par mes patients, de manière très diversifiée. Jusqu'ici, rien qui puisse m'étonner. Mais peu à peu, au fil du temps, j'ai constaté que l'animal ne se contentait plus d'être là, passivement. Il est entré en action, et pas n'importe comment. Ses interventions semblaient se dérouler comme une illustration de ce qui se vivait dans la séance, et entraînait la stupéfaction de mes patients en proie à l'émotion. « Coïncidence ! », me disais-je. Mais lorsque ces coïncidences se reproduisent quotidiennement, comment ne pas se sentir interrogé sur leur signification et sur la nature de ce qui peut les induire ? Interloquée par tous ces incidents, je me suis mise à en parler à des collègues. Leur intérêt a intensifié mon désir de partager ces hauts faits de Julie — C'est le nom de mon animal favori.

C'est le récit de mes observations que je livre. Je me dois de vous prévenir : on ne trouvera ici aucune explication, aucune tentative d'interprétation **théorique** des prodiges observés. Je me suis contentée de présenter les faits ; puis de laisser libre cours à ma sensibilité et à mon imagination pour confier ce que, moi, je vivais des situations en question. C'est dire que ma subjectivité tient une large place dans mes propos. Et pourtant, à aucun moment je ne me suis sentie en porte-à-faux par rapport aux phénomènes rapportés. A chacun de juger s'il se sent « concerné » par ce que j'ai essayé de communiquer.

Qu'on le sache, en tout cas, je n'ai absolument rien inventé des situations exposées : les comportements de ma chatte se sont produits réellement tels que je les ai décrits. Seuls les noms des patients ont été changés, ainsi que certains détails qui, sans cela, auraient permis de les identifier. Il importait que leur anonymat soit respecté. Mais je puis attester qu'aucune de ces modifications n'entraîne de différence significative par rapport au sens général du vécu des séances et de l'interaction entre Julie et mes clients.

Je laisse découvrir, maintenant, comment est née la collaboration étroite qui s'est instaurée peu à peu entre celle qui est devenue ma cothérapeute et sa maîtresse...

Julie, ma Chatte...

« Ma Chattoune ! Ma minoune ! Ma Julotte, ma Loulotte !

— Qu'est-ce à dire ? La psychanalyste parle toute seule ?

— Que non pas ! Elle parle à son chat ! »

Ce chat, grosse boule de poils à géométrie variable, est en réalité une chatte.

Ma chatte s'appelle Julie. Julie n'est pas jolie. Qu'importe ! Julie, je l'ai choisie, parmi les animaux égarés, naufragés, échoués à la S.P.A. Je venais de perdre Arabesque. Je vous conterai aussi l'histoire d'Arabesque, qui me fut ravie un jour de grand froid dans la bourrasque de neige et l'effroi.

Arabesque, Julie et bien d'autres encore, vous, chattes et chats qui sommeillez d'un air béat et innocent, dans quelque coin d'un cabinet d'analyste... que de secrets avez-vous entendus, que vos maîtres ou maîtresses n'ont pas même perçus !

Que la parole vous soit donnée, si vous y consentez...

Chœur des Chattes se pavanant
La queue en l'air
l'air important...

Nous allons prendre la parole, puisque tu nous la donnes. Sans vergogne. A tes risques et périls.

Nous faisons les fières, sous notre allure altière, mais nous tremblons beaucoup : toi qui fais un métier d'écoute, tu es parfois si longue à entendre ce que disent tes patients ! Sauras-tu nous prêter les mots qu'il faut pour retranscrire ce que nous te faisons sentir ? Seras-tu assez humble pour rester en attente de ce que nous avons à te dire ? Sauras-tu être fidèle aux frémissements de nos oreilles et aux trémulations de nos moustaches ? Nous autres, quadrupèdes, vivons au ras des pâquerettes. Tu vis trop dans ta tête. Reste près de nous, à l'intérieur de toi, car nous sommes en toi, même à côté de toi !

PROLOGUE

J'ai trois ans, peut-être quatre ? ou cinq ? Qu'importe. Je suis une toute petite fille esseulée, dans un grand appartement désert. Mes parents sont partis au travail. Mes frère et sœur à l'école. La salle de séjour, la seule pièce chauffée de la maison avec la cuisine, est vaste, haute, tapissée de placards qui montent du parquet jusqu'au plafond. C'est « la pièce à côté » pleine d'ombre, et si familière pourtant. Deux fauteuils Voltaire y trônent royalement. Blottie au creux de l'un d'eux, je tète avec avidité le pouce de ma main droite et avec gravité, je « pense » ; la chatte ronronnante fait du piano sur mes cuisses, tandis que ma main gauche s'enfonce avec délice dans la douceur de son pelage chaud et douillet. Je ne m'ennuie pas. Je suis seule, dans l'obscurité de la nuit qui tombe, mais je n'ai plus peur et je n'ai plus froid : ce petit animal vivant me communique sa chaleur qui irradie tout mon être. Nichée au plus intime de ce creux éclos entre mon ventre et mes genoux, ma chatte dort, tranquille, tandis que je guette ce passage de la clarté du jour aux ténèbres de la nuit. C'est, pour moi, petite fille, un moment précieux entre tous, et difficile à comprendre : Comme si le jour se fâchait tout d'un coup et se retirait pour bouder ; comme si la nuit, victorieuse, s'installait en de brusques assauts sur le pays conquis, enveloppant les objets, coulant insidieusement son ombre dans les moindres recoins et ouvrant la porte aux fantômes. A cette bataille renouvelée chaque jour, j'assiste impuissante et tente de saisir, en vain, cet instant fugitif du passage de l'un à l'autre. Sous le cou de la Moune, je cherche la boule vibrante qui égrène la jolie musique régulière et douce du ronron grasseyant. Ma main inquiète se cramponne à l'animal et palpe la masse ronde et tiède. La Moune s'ouvre et offre son ventre à la caresse. Couchée sur le dos, confiante et vulnérable, elle me fait ce cadeau d'une tendresse câline à moi seule consentie. Car la Moune et moi sommes inséparables. J'ai besoin de son poil soyeux et parfois électrique, j'aime sentir son odeur un peu sauvage, et plus que tout, la chaleur et la consistance de ce corps rondouillard, souple et ferme, qu'elle me permet de triturer, paraissant y trouver autant de volupté que moi... J'enfouis ma tête dans la fourrure, et dépose un bisou sur le nez de ma chatte ravie qui se dilate sous la caresse.

D'où vient-elle, ma chatte ? Je ne saurais le dire. Aussi loin que remontent mes souvenirs, je me vois aux côtés de cet animal familier, compagnon de mes jeux, confident de mes peines, parfois souffre-douleur ou bouc émissaire sans rancune, le plus souvent témoin et complice effaré de mes courses effrénées dans l'interminable couloir de notre appartement. Nous jouions à cache-cache, mon frère et moi — ou bien à « loup y es-tu ? », et la Moune participait joyeusement à nos ébats. De quelle couleur était-elle ? Je n'en ai pas souvenir. Seuls me restent les sensations du contact et de l'odeur, et ce sentiment de sécurité foncière qu'elle m'apportait. Parfois, je réussissais à l'attirer dans mon lit. Elle se faufilait sous les draps glacés et nous nous communiquions notre chaleur mutuelle.

La Moune me tenait lieu de poupée. Je n'ai jamais aimé les poupées. J'ai peut-être de bonnes raisons à cela : Je me souviens d'un Noël très ancien, où j'avais demandé au Père Noël de m'apporter un petit frère ou une petite sœur. Mes parents avaient bien tenté de m'en dissuader, mais je n'avais rien voulu entendre : j'avais réellement besoin d'un nouvel arrivant qui focaliserait sur lui le regard de mes parents ; et j'avais envie aussi, sans doute, de m'abandonner aux joies du pouponnage comme toutes les petites filles de mon âge. Noël approchait. Inquiète, je questionnais ma mère : « Tu crois que le Père Noël va m'apporter un bébé ? » Un jour, elle me répondit enfin, dans un sourire : « Je crois que oui ! » Le matin de Noël arriva. Je n'avais guère dormi cette nuit-là et les premières heures du jour me précipitèrent, le cœur battant, sur mes souliers, devant la cheminée de « la pièce à côté ». Pas de bébé, mais un volumineux paquet. Je l'ouvris et découvris avec stupeur un horrible « baigneur »... Je ne saurais dire le chagrin et la colère qui m'envahirent. Le Père Noël s'était moqué de moi ! J'avais été flouée. Personne n'avait pris au sérieux ma demande. On me donnait une poupée ! Je n'ai rien vu d'aussi stupide qu'une poupée ! et qui plus est lorsqu'elles parlent, tètent et font pipi/caca ! De deux choses l'une : ou bien l'enfant est capable d'imaginer, par-delà l'objet, le petit bébé de ses rêves, et n'importe quel pantin de tissu souple et chaud peut servir de support à l'envol de son imagination et à la matérialisation de son désir ; ou bien l'enfant ne peut décoller de la réalité pour jouer, et ce n'est pas un simulacre de bébé en celluloïd, au contact dur, froid, rigide et inerte, qui va l'y aider. Je ne sais trop dans quelle catégorie me placer. Ce qui est sûr, c'est que je partis sans un mot avec le baigneur. Seule, je le jetai par terre avec rage et lui cassai le nez — puis le mis dans un coin et n'y touchai plus jamais. Ce n'est que bien plus tard — il y a une dizaine d'années peut-être — que je le retrouvais. Ma mère l'avait soigneusement conservé et il trône aujourd'hui encore sur une étagère de ma chambre : souvenir d'une duperie que je n'ai sans doute pas encore digérée. Il me revient que je lui avais quand même octroyé un nom : Bernard ! du verbe berner... Depuis, je n'ai plus jamais fait confiance au Père Noël.

Si je me suis longuement attardée sur cette histoire de poupée, c'est qu'elle n'est pas sans rapport avec mon amour des chats. Quand je dis que, petite fille, je n'ai jamais joué à la poupée, sans doute, n'est-ce pas tout à fait vrai : la Moune me tint lieu de poupée. Je lui parlais, la dorlotais, la berçais, la nourrissais, l'habillais ! Docile, elle se laissait cajoler comme un nourrisson et me comblait de ses faveurs. Je n'y trouvais que des avantages : les poupées sont inertes. Ma chatte était vivante. La vitalité de ce corps élastique qui réagissait au moindre contact, la gracieuse beauté qui se dégageait du plus simple mouvement me ravissaient. Sa démarche féline rivalisait sans peine avec celle des tigres du Parc zoologique. Son minuscule bout de langue rose et rapeuse crissait sur le poil de sa robe. Elle passait des heures interminables à se laver, bien assise sur son petit derrière, léchant consciencieusement les coussinets de sa patte qu'elle promenait longuement sur son museau et derrière ses oreilles. J'étais fascinée. Elle miaulait, aussi, braillait parfois, répondait à mes appels, et il lui arrivait de se rebiffer devant mes exigences, car en fin de compte, c'est Bernard qui fut berné et relégué au fond du placard à jouets. La Moune fut, en quelque sorte, mon petit frère (petite sœur !) de substitution ! Je dis « frère », car nous parlions toujours du « chat », à la maison, bien qu'il fût évident pour tous qu'il s'agissait d'une chatte !

Il n'en était pour preuve que ces petits chatons que, périodiquement, elle déposait en cadeau dans l'armoire à linge de mon Père, de préférence sur ses belles chemises propres et bien repassées à l'égard desquelles il était si maniaque.

Mon Père avait une sainte horreur des chats — c'est, du moins, ce qu'il prétendait : Je l'ai souvent surpris, sur ses vieux jours, le chat sur les genoux, lui disant des mots doux ! et prenant l'air penaud lorsqu'il était découvert. Mais à l'époque dont il s'agit, les hostilités étaient déclarées, des deux côtés. Dès que le chat reconnaissait le talon autoritaire de mon père martelant l'escalier de l'immeuble, il se précipitait ventre à terre sous les profondeurs de la haute armoire campagnarde où il était sûr de n'être pas rejoint. De temps à autre — lorsque la Moune n'avait pas eu le temps de faire retraite — elle soufflait et feulait dans sa fuite éperdue et j'en étais impressionnée ! Mais revenons à nos chatons ! Deux ou trois fois par an, la Moune prenait des rondeurs inhabituelles. Ses déambulations se faisaient plus lentes, ses caresses plus câlines. Puis elle commençait à miauler d'un air plaintif et guettait les portes des placards pour y chercher refuge. Ma mère se faisait circonspecte : « Cette fois, je te surveille ! Tu n'iras pas les cacher dans l'armoire du Papa ! ». Peine perdue. Je ne sais par quel mystère — ou quelle main impie... ! — l'armoire interdite s'entrouvrait pour livrer passage à la parturiente qui accouchait dans le secret ! A chaque fois, c'était le même drame : « Je vais la tuer ! » vociférait mon père hors de lui en arpentant le couloir à la poursuite de la coupable, tandis que je filais sauver l'objet du délit, et l'installais dans la caisse aménagée depuis quelques jours à cet effet. Ma mère se hâtait d'enlever le linge souillé, plein de sang et de glaires. Entre les hurlements de mon père et la gravité de l'événement, ma frayeur était intense. Ma colère aussi. Contre la Moune : je lui avais préparé si amoureusement un petit lit confortable, et j'avais guetté avec une curiosité impatiente cet instant prodigieux où les chatons sortiraient de ce corps maternel. Par où allaient-ils jaillir ? par la bouche ? les oreilles ? le « derrière » ? Je penchais plutôt pour la bouche. Ça me paraissait plus vraisemblable, mais j'aurais bien voulu voir ! Et à chaque fois, la Moune me jouait un tour, en me refusant l'accès au mystère. Impossible de vérifier mes hypothèses ! Pourtant, je lui avais montré sa « caisse » ! Je lui avais susurré des mots tendres pour l'inciter à donner un logement correct à ses petits ! Je lui avais même « fait faire répétition », en la couchant de force, malgré ses protestations, sur le vieux vêtement de laine qui recouvrait l'épaisseur de journaux de sa couche. Rien n'y faisait. Une vraie bourrique, cette chatte ! Il fallait qu'elle se cache ! J'étais très fâchée contre mon père aussi : Comment pouvait-il rester insensible à cette éclosion de la vie ? Je le détestais de crier aussi fort et de persécuter ainsi la pauvre bête qui avait dû avoir si mal pour vomir ses bébés !

Le calme revenu, je pouvais m'adonner pour quelques heures à la contemplation de ce spectacle émouvant entre tous : celui d'une mère allaitant ses petits. Ellle commençait par les débarbouiller longuement, amoureusement mais avec vigueur, pourtant. Ces petites boules de poils reprenaient forme chatière. Leurs yeux clos d'abord, les faisaient tâtonner en aveugles à la recherche des petits tétons roses de la Moune qui les offrait généreusement aux bouches goulues. Le bruit de succion était orchestré par le ronron bruyant de chacune des gorges tendues vers la sève nourricière. Parfois, deux chatons se disputaient le même pis. D'un coup de patte sévère ou de langue énergique, elle remettait de l'ordre : chacun son tour et chacun à sa place. Il arrivait que je me risque à prendre dans mes mains l'un ou l'autre — leur mère ne me quittait pas des yeux, surveillant sa progéniture, paupières fendues en amandes. J'aimais sentir au creux de ma main le battement rapide du cœur de l'animal moite et gluant. Son museau épaté fouillait ma paume à la recherche du téton perdu et bientôt il piaillait jusqu'à ce que je le repose dans la douce chaleur du giron maternel largement offert. Moments les plus merveilleux de mon enfance que ce contact direct avec la vie dans ce qu'elle a d'originel.

Ce bonheur était de courte durée. Bientôt se produisait la rafle des bébés. Une main brutale les emportait pour les noyer. Curieusement, mon père se refusait absolument à cette tâche ingrate dont il exigeait pourtant l'accomplissement. C'était donc ma mère qui, courageusement, l'exécutait, avec force cris et lamentations.

Plus tard, quand j'allais à l'école, je me démenais et me débrouillais le plus souvent pour sauver au moins l'un des petits que nous pourrions donner quand il serait sevré... Mais dans ma petite enfance, j'assistais impuissante à ce meurtre collectif. La Moune errait dans l'appartement, soupirant de longs miaulement désolés. Je lui courais après, la caressais : mais allez donc consoler une mère à qui l'on a ravi ses bébés !

Vous, les chattes de mon enfance, vous l'avez habillée de sensations chaudes, colorées, parfumées. C'est à vous que je dois d'avoir pu résister à l'angoisse d'une solitude qui avait le goût de la mort. Vous avez été mon objet de réassurance contre le vide et le froid et la peur de la nuit. Vous avez été mon « objet transitionnel », mon « roudoudou » câlin, ma peluche vivante, à qui je pouvais confier mes questions, mes chagrins, mes joies, mes secrets les plus fous ; vous partiez, mais vous reveniez toujours ; vous aviez besoin de moi autant que j'avais besoin de vous. Vous m'avez appris les mystères de la vie : celui du fruit qui a éclos au cœur de vos entrailles ; celui de la tendresse et de l'amour partagés, celui de la fidélité et de l'altérité aussi : Vous restiez chattes, félines, sauvageonnes, indépendantes, inaliénables ; dans l'éclat de vos yeux d'or, vous avez retenu votre mystère. Vous consentiez à être apprivoisées par la fillette que j'étais, mais sans vous laisser corrompre par ses promesses ou ses menaces. Vous avez été les compagnes de ses jeux, parfois victimes consentantes, mais vous saviez vous rebeller lorsque les bornes étaient dépassées : notre peau conservait des traces cuisantes quand vous l'aviez labourée, parce que mon frère et moi vous avions persécutées.

Merci, la Moune, et les Mounettes. C'est grâce à vous qu'aujourd'hui je puis travailler avec Julie. Vous vous retrouverez un jour, au paradis des chats. En attendant, dormez encore enroulées en colimaçon, votre jolie frimousse enfoncée dans votre fourrure douce.

La Moune répondit
de son p'tit coin de Paradis...

Je suis très touchée de tout ce que tu racontes à mon sujet. Je ne pensais pas avoir eu une telle importance dans ta vie.

Moi aussi j'ai apprécié ta compagnie. Tu étais pourtant une petite fille un peu chipie, primesautière et bien autoritaire.

Mais j'étais sensible à ta détresse. Je la percevais à ce jeu de tes mains inquiètes qui s'agrippaient à moi comme un naufragé s'accroche à la bouée. Alors je restais près de toi et te comblais de mes faveurs. J'aimais ton calme sur le fauteuil lorsque tu « pensais ». Je te diffusais la chaleur de ma vie, dans ces instants d'éternité.

Tu as très peu évoqué ces jeux où tu me persécutais. Je devais vraiment me plier à tes volontés ! C'est vrai, je me vengeais... Oublions cela.

Pour le reste... Je crois que tu mélanges un peu les histoires de tes chattes... Ce n'est pas grave. Ici, au paradis, nous avons ce privilège de tout partager : tout se passe comme si chacune de nos vies se fondait dans celles de nos congénères. Ainsi chacune peut se retrouver dans ton récit, même s'il est un peu fantaisiste.

Mais tu as oublié des moments importants. Par exemple, lorsque je fuguais ! J'aimais m'échapper sur le balcon, et de là, sauter sur l'étroite corniche qui longeait la maison, jusqu'au carrefour de la rue de la Charité ! Tu me guettais, l'air affolé. Je déambulais avec nonchalance sur ce boulevard dont la seule vue te faisait te pâmer ! Je te narguais lorsque tu m'appelais. Je m'installais au point exact de rencontre des deux rues, et je surveillais de près les pigeons, pour le cas où l'un d'eux se risquerait à m'approcher. J'aimais chasser. Mais les pigeons... ! Quand ils passaient trop loin de moi, je me rengorgeais dans ma dignité, les traitant par le mépris. Effrontés, ces pigeons ! Mais pas très courageux, et tellement stupides et prétentieux, se dandinant en cohortes serrées sur les trottoirs en quête de quelque miette égarée. Tu ne les aimais guère non plus, je crois. Sur ce point encore, nous étions bien d'accord. Au cours de mes escapades, je rencontrais souvent des compagnons. C'est même la raison essentielle qui me faisait fuguer. Tu ne pouvais comprendre, alors ! J'avais des amours fugaces et compliqués. Je revenais de ces fredaines en piteux état, la robe sale, l'oreille basse, la moustache en bataille, et parfois l'œil poché... Ta mère me faisait la leçon : « D'où viens-tu, coureuse ! Tu n'as pas honte ! Va te laver ! Tous ces chats qui te couraient après ! » Je me terrais sous l'armoire, le temps de retrouver une apparence convenable, à moins que, trop affamée, je ne me jette sur mon assiette... ou sur la table de la cuisine où traînait le poisson... Ta mère me flanquait une « rouste » parce que j'avais volé, et tu plaidais souvent en ma faveur. A mon tour de te dire merci !

Continue à raconter nos aventures... Je suis très curieuse de savoir ce que tu vas inventer sur l'aide que nous pouvons t'apporter dans ton travail de psychothérapeute-analyste. Je m'en vais de ce pas interviewer Arabesque qui passe par là et dont, je crois, tu dois conter l'histoire !

A bientôt le plaisir de te lire.

Histoire d'Arabesque

Me promenant un jour sur le « Marché aux chiens », j'en revins avec... une adorable petite chatte trois couleurs : blanche, brune et fauve. Riez si vous voulez, mais elle avait les traits fins : un visage de princesse, une délicatesse dans la démarche, une distinction dans le port de tête, une noblesse dans le regard... Bien sûr, les puces grouillaient sur son ventre rose et tendre, et je dus, en ce dimanche matin, arpenter les rues de la ville, mon trésor dans le creux de la main, à la recherche de la poudre miracle qui ferait fuir les parasites. Mais ce détail mis à part, ma chatte était « à croquer ». Cette petite pelote de laine blanche s'étirait, s'arc-boutait en tous sens, dessinant dans l'espace des courbes gracieuses et inattendues : je décidai de l'appeler Arabesque : nom peu banal pour un chat, me direz-vous. Mais, de fait, Arabesque était peu banale. Elle avait l'allure altière, un peu fière — sa tache brune au-dessus de l'œil gauche la rendait parfois goguenarde.

Arabesque avait un fichu caractère et n'aimait pas qu'on la dérange. Elle appréciait le confort, et pendant longtemps, élut pour domicile l'un des fauteuils du salon, sur le trajet d'entrée dans mon cabinet. Bien rares furent les patients qui résistèrent au plaisir sensuel d'enfoncer leur main dans l'épaisse fourrure de la reine blanche qui s'étalait sans pudeur sur le siège. Les quatre pattes en l'air, elle offrait son ventre soyeux à la caresse, et se trémoussait d'aise, l'œil mi-clos, le cou tendu et la tête à l'envers ; puis retournait à son sommeil. Parfois, elle honorait d'un doux ronron le passage de tel ou telle, ou s'étirait voluptueusement, donnant l'envie d'en faire autant.

Amusée, je remarquai peu à peu les réactions de chacun. Blandine ne manque jamais de s'attarder, à l'entrée comme à la sortie, au-dessus du fauteuil. Elle gratifie l'animal d'un mot doux et tapote sa cuisse grassouillette. Un grand sourire éclaire alors son visage. La blancheur de ma chatte presque albinos lui rappelle quelque chose... Un jour, elle évoquera tout naturellement en séance ses ennuis de rouquine dont la peau rosit et s'empourpre à la moindre émotion comme au plus pâle rayon de soleil : « Si je pouvais être aussi décontractée que votre chatte ! », conclut-elle d'un air songeur... De fait, le corps abandonné donne à plus d'un, le sens du lâcher-prise... !

Pauline est une femme très en demande à mon égard. Sa psychothérapie est tumultueuse. La patiente oscille de l'amour le plus passionné pour moi à la haine la plus violente. Parfois elle m'inonde de cadeaux, confectionnés de ses mains habiles ; puis traverse des périodes hostiles où la souffrance et l'angoisse enlaidissent son visage et ensauvagent ses réactions. Il me faut allier souplesse et fermeté ; lui imposer un cadre sécurisant pour contenir ses pulsions dévastatrices, mais dans la douceur d'un accueil compréhensif, à l'écoute des besoins archaïques qui se donnent à entendre au travers de ces comportements extrêmes. Dès l'arrivée de Pauline, je suis renseignée sur la tonalité de la séance qui s'ouvre. Outre les signes habituels auxquels tout thérapeute-analyste est sensible : regard qui mendie, épie, scrute le vôtre, ou au contraire s'échappe, poignée de main molle et fuyante, qui se dérobe, ou bien ferme et franche, glacée ou brûlante ; démarche affaissée, ou pas décidé et arrogant, etc. ; outre ce langage non-verbal qui nous est familier, j'observe ce qui se joue entre Pauline et Arabesque. Aujourd'hui, elle caresse brutalement la tête de l'animal, et lui tire les oreilles en arrière, la transformant cruellement en lapin, l'espace de quelques secondes ! Arabesque n'apprécie guère et laisse échapper une plainte avant de se recroqueviller d'un air offensé : je sais déjà que je vais essuyer quelques escarmouches et que ma cliente est d'humeur belliqueuse.

La fois suivante, par contre, la main aux doigts courts et

agiles se fait chercheuse et fouille le poil de l'animal, fiévreusement ; je ne peux manquer de penser à la bouche du nourrisson qui cherche le mamelon, ardemment. Arabesque se prête à la requête. Son instinct de chatte-mère la fait s'ouvrir et consentir. Je devine qu'aujourd'hui, Pauline vient chercher ici, dans ce lieu de la thérapie, la sève nourricière d'une parole chaude et vivante qui la restaurera dans son enveloppe béante, au niveau du Moi-Peau. La médiation d'Arabesque a déjà opéré un effet bienfaisant en ouvrant le passage à l'affect, dans un « corps à corps » autorisé par la thérapeute. Ce que la jeune femme a demandé à la Chatte-mère, va pouvoir se **dire** à l'analyste-mère à travers les commentaires autour des ressentis : « Elle est douce, votre chatte ! Elle a eu des chatons ? », ou bien : « Elle a grossi ! Je suis sûre qu'elle attend des petits ! Ça va faire une bonne mère ! », et encore : « Vous me la donnez ? J'ai envie de l'emporter ! ».

Un jour, pourtant, Arabesque s'est lassée d'être ainsi dérangée dans ses rêves de chatte ; fatiguée d'être taquinée, caressée, tortillée, farfouillée, Arabesque a changé de fauteuil. Désormais, elle n'est plus sur le passage et ne peut plus être touchée, que du regard. A distance. Elle aussi...

Certains de mes patients l'ignorent, délibérément.

D'autres s'en plaignent, frustrés.

Je soupçonne certains d'en éprouver quelque rancune. J'en ai pour preuve l'incident suivant. Arabesque, depuis quelques jours, semble morose. Elle pleure, en de petits gémissements voilés. Ses miaulements plaintifs sont comme retenus, pudiquement, au fond d'une gorge serrée. Elle piaule d'une petite voix d'enfant malade. Elle ne veut plus manger, et de sa patte arrière, gratte son cou et ses oreilles. Elle me suit et cherche manifestement à me dire quelque chose ! Je m'inquiète enfin et décide un entretien de psychothérapie en face à face rapproché ! Je la prends sur mes genoux et lui parle. C'est alors que mes doigts inquiets rencontrent, étonnés, un sillon profond sous le collier de cuir rouge qui ornemente son cou et où tinte une clochette. Mon index incrédule palpe la chair creusée. L'animal est blessé. Je regarde de plus près ; sous le poil blanc, à l'endroit où la peau est si fine, je découvre avec horreur que ma chatte s'est laissée étrangler par un de ces petits élastiques de bureau, bien serré ! Avec précaution, je fouille le creux de la plaie pour attraper l'indésirable qui s'enfonce à chaque mouvement davantage. Je le tiens enfin, et délivre ma chatte. Celle-ci, reconnaissante et souffrante pourtant, à la fois ronronne et me mord. Je suis atterrée. Qui a fait cela ? Un instant, j'envisage l'hypothèse selon laquelle, ayant trouvé par terre cet élastique et joué avec, Arabesque y aurait enfoncé son museau, puis une oreille et puis l'autre... Non ! Laissons cela aux chats de cirque ! Seule une main cruelle a pu, délibérément, enfiler ce lien serré autour du cou de la bête. De plus, cela s'est fait hors de mon regard, par conséquent à un moment où l'animal se promenait dans l'appartement, au contact des patients... Je passe en revue le planning des deux dernières journées. Seules deux personnes sont entrées en salle d'attente : Loïc et Pauline ont eu le loisir de converser avec la chatte. Je me remémore le contenu des séances, à la recherche de quelque indice. Loïc n'a jamais beaucoup aimé Arabesque, trop « femme » à son goût, et justement en ce moment, il exprime une agressivité ouverte à mon égard. L'a-t-il reportée et agie sur cet « objet » qui m'appartient, dans l'aire transitionnelle de la salle d'attente ? Quant à Pauline, ne m'a-t-elle pas offert, récemment, trois écharpes de soie peintes de sa main et à propos desquelles elle parlait, en riant, de m'étrangler ? Qui soupçonner ? L'emploi de ce terme indique à lui seul l'état d'esprit dans lequel me mit cet incident. Lorsqu'un patient m'agresse directement, je sais que cela s'adresse en premier lieu à l'analyste, et donc, à ce que je représente pour la personne au moment où elle décharge sur moi son hostilité. Je reçois l'agression au deuxième degré et ne suis donc pas atteinte en profondeur. Curieusement, lorsque Arabesque fut ainsi maltraitée, je me sentis blessée dans ma personne même. En s'attaquant à cet animal, et au plus profond de sa chair, le patient me touchait bien plus sûrement qu'à travers des paroles agressives, à moi directement adressées. Il me frappait dans un « objet » important pour moi, et qui était de l'ordre de ma sensibilité vivante. Son intuition, sans doute, lui avait fait sentir combien je tenais à ma chatte. Par cet acte de cruauté sur elle, il était sûr de provoquer une souffrance en moi, et de m'« atteindre » dans ce qu'il devinait de ma vulnérabilité.

Je pris très vite conscience du fait que, si je commençais à chercher un « coupable », et à soupçonner tel ou telle, cela empoisonnerait à coup sûr ma pratique professionnelle, et pervertirait mon écoute. Il me fallait renoncer à savoir, à comprendre le geste. Ce geste était irrecevable ; et par conséquent, je devais l'ignorer, et ne pas me laisser déstabiliser par son intention destructrice. Il y avait eu passage à l'acte — de je ne savais qui — et je ne devais pas me laisser entraîner dans les retombées de cet agir, sous prétexte de vouloir en connaître l'auteur. Mais je me fis plus attentive que jamais à toutes les manifestations transférentielles de mes patients — et je surveillai mon contretransfert avec beaucoup de vigilance. Quant à Arabesque, elle se remit bien vite, et quelques jours plus tard, il n'y paraissait plus. Elle continua à se prélasser sur le fauteuil le plus éloigné du passage, et à susciter quelques réflexions, par-ci par-là, de la part des patients.

A quelque temps de là, je déménageai. Me voici désormais installée tout au fond d'une impasse, au cœur d'un nid de verdure où chantent les oiseaux : merles siffleurs, rouge-gorges, passereaux, et beaucoup de corbeaux ! A l'automne, ceux-ci tiennent conseil sur l'érable dépecé de ses feuilles, et c'est à qui croassera le plus fort. Font-ils un concours de chant ? Ou bien disputent-ils leurs voix pour élire le plus beau ? Toujours est-il que leurs piaillements font un tel boucan qu'il me faut renoncer à travailler fenêtre ouverte. Parfois à travers la vitre, mon regard vagabonde vers les nuages du ciel cotonneux, ou s'attarde sur les évolutions des oiseaux migrants qui passent, par nuées, au-dessus du jardin, tandis que j'écoute mes patients. Il arrive qu'un écureuil danse d'une branche sur l'autre et l'espace d'un instant, s'immobilise, lui aussi à l'écoute, curieux, inquiet, nerveux ; puis son panache disparaît dans ce qui reste de feuillage. Arabesque, dans ce domaine, ne se sent plus de joie. La voici qui retourne à ses sources : l'herbe verte où elle se roule avec délices d'un air coquin, les arbres où elle joue à se cacher, l'œil mutin ; le grand air surtout, et l'espace enfin, où l'entraîne son humeur vagabonde. Sa robe blanche et ses allures hautaines ont tôt fait d'attirer les matous des voisins et l'on entend parfois de singuliers échanges : ça crie, ça vocifère, ça gronde et ça souffle. Arabesque revient enfin trouver refuge auprès de sa maîtresse. Elle mettra quelque temps avant de pouvoir délimiter et faire respecter son territoire. Mais alors, elle saura s'imposer sans concession, et même le noir Othello, son plus proche copain, n'aura pas intérêt à l'y taquiner. Quant à moi, j'apprécie autant qu'elle ce contact direct avec la nature. Mes patients, s'ils déplorent pour certains le changement de lieu — on a ses habitudes ! ses rites ! et ça rassure ! — se déclarent satisfaits dans l'ensemble. Ce qu'ils apprécient le plus, c'est la qualité du silence de ce lieu calme, reposant, où les seuls bruits sont les cris des oiseaux ou le murmure du vent. Mon cabinet donne directement sur le jardin ; la fenêtre est ouverte le plus souvent. Cependant, je veille à ce que ma chatte reste dehors quand je travaille. Je n'ose pas l'inviter à entrer. Je crains de gêner mes patients, de les distraire de ce qui les amène, et de sortir de la fameuse « neutralité bienveillante » nécessaire, dit-on, à l'exercice de notre profession.

Mais un jour, Arabesque a échappé à ma surveillance. La voici qui s'est installée sans ambages sur le fauteuil où je prends place habituellement pour les entretiens de face à face. Préoccupée surtout d'accueillir ma cliente, je ne me suis aperçue de rien et ce n'est que lorsque celle-ci a pris place sur le divan et moi sur le fauteuil derrière elle, que je remarque la présence de l'animal. Que faire ? La séance est commencée, et je n'ai pas envie de troubler son déroulement en me levant pour faire sortir la chatte. Celle-ci, au bout de quelques minutes, se tasse en position de moine, pattes repliées, puis dodeline de la tête et peu à peu s'endort. J'écoute ma patiente. La séance s'achève. C'est alors seulement que la jeune femme s'avise de la présence d'un tiers. Une exclamation de surprise lui échappe, puis un petit rire de contentement : « Oh ! qu'elle est jolie ! Elle a dû entendre tout ce que je disais ! » Cette idée, loin de la gêner, semble au contraire la ravir. Je suis toute étonnée.

Je décide de ne pas déranger ma chatte. Je prends le risque de travailler en sa présence. Nous verrons bien. Après tout, il peut être intéressant de noter les réactions de chacun, et celles-ci peuvent toujours être objets d'analyse !

C'est ce qui va se passer avec Alain. Lorsque celui-ci entre dans mon cabinet, Arabesque dort, couchée en rond, le nez enfoui entre ses pattes. Alain pâlit brusquement et s'arrête net : « Ça me gêne qu'il y ait un chat dans la pièce ! C'est lui ou moi ! ». Le ton est péremptoire et cassant. L'émotion est intense, l'atmosphère électrique. Je sens qu'il ne faut pas insister. Il se passe quelque chose d'important, qu'il sera bon d'expliciter. Je prends délicatement l'animal, et le dépose gentiment dehors, sur le rebord de la fenêtre :

« Ici, c'est votre place, dis-je. Mais on peut en parler. »

Nous nous installons pour la séance, lui sur le divan, moi sur mon fauteuil, derrière lui. Sans se faire prier, il enchaîne :

« Il prend ma place ! Je sais bien qu'il ne comprendra rien à ce que je vais dire. N'empêche qu'il dérange ! Oui ! J'ai peur qu'il prenne ma place ! Et c'est moi qui paye ! »

C'est là un argument de poids. Puisqu'il paye, Alain a tous les droits — même celui d'arriver en retard, ou de ne pas venir, pourvu qu'il acquitte le prix de sa séance ! — C'est du moins ce qu'il formule un jour, ajoutant que ce qu'il vient chercher ici, c'est d'abord un lieu calme, sécurisant, un nid douillet pour se dire, mais que ma personne importe peu : il parle aux murs, et se moque éperdument de ma présence. Pourtant, aujourd'hui, à travers celle de ma chatte, il expérimente, viscéralement, l'intensité de son exclusive à l'égard de tout ce qui pourrait introduire de la distance entre lui et moi. C'est bien à moi qu'il parle, et il ne supporte pas l'idée qu'un autre « vivant » occupe une portion d'espace dans ce lieu de l'analyse où il ne peut y avoir de place que pour lui. « C'est comme si vous étiez deux à m'écouter ! Je ne sais pas s'il [le chat] aurait été un deuxième analyste ou un deuxième patient ! Mais dans une relation à trois, avec ce chat personnifié, ça ne marcherait plus ! ». C'est bien là tout le problème d'Alain, qui ne parvient pas à sortir de la relation fusionnelle et qui refuse obstinément de casser la dyade mère-enfant. Il est le quatrième d'une famille très nombreuse. Sa mère lui a été ravie prématurément à trois ans, et il a dû sans cesse partager avec sa fratrie : les vêtements, la chambre, les jouets, les friandises, les histoires racontées, et surtout l'attention et l'amour du « père-mère », resté d'abord seul pour élever ses enfants puis remarié. Ici, c'est lui qui paye, donc mon chat n'est pas un patient. Mais un chat-analyste n'est pas plus recevable, car c'est bien en moi, la mère exclusive, qu'il a placé sa confiance : « S'il y a deux analystes qui m'écoutent, une en qui j'ai confiance et un autre que je ne connais pas, ça me paralyse ! », m'explique-t-il. Il se veut enfant unique — lui qui a connu une deuxième mère, de substitution, avec le remariage de son père.

Peu après, il apprend — c'est affiché à mon insu en grosses lettres blanches sur la vitre de la station-service voisine — que mon mari et moi avons gagné un voyage à Tahiti. Nous sommes en décembre. L'hiver s'est déclaré avant l'heure. Le pays tout entier est paralysé par la neige et le gel. Le froid est particulièrement intense. Alain arrive tout émoustillé à sa séance, et me raconte comment, plein de curiosité, il a fait preuve d'habileté pour faire parler la gérante du magasin sur les gagnants de son concours. Il a découvert alors, avec stupeur, que nous avons renoncé au voyage et transformé la somme qu'il représente en don aux « Sans-Abri » de l'abbé Pierre. Il se dit « interloqué », et durant toute une partie de la séance, il s'interroge sur ce qui peut motiver quelqu'un à donner.

« Moi, je l'aurais gardé ! Ça ne m'est jamais arrivé de verser de l'argent, comme ça, gratuitement, pour partager, pour aider ! Même pas cent francs ! »

Mais que d'autres puissent le faire — notamment son père, certains de ses frères et sœurs —, cela le dérange et le rend agressif.

C'est précisément ce moment que choisit Arabesque pour se présenter à la fenêtre, derrière les vitres closes, dehors, et manifestement transie. Elle miaule d'un air de détresse, recroquevillée sur elle-même, les oreilles couchées en arrière, le poil tout hérissé. Elle si discrète d'habitude, se fait pressante ; son cri traverse la croisée et devient déchirant. Au froid sévère qui s'est abattu sur la ville, s'ajoute une bise glaciale qui pénètre jusqu'aux os. Arabesque implore l'accès à la pièce chaude. Elle quémande un abri... Alain l'a entendue. Il se soulève, pour bien identifier celle que, peu de temps avant, il avait perçue comme une rivale et chassée comme une intruse. Et voici que l'animal va alimenter sa haine. Lui revient en mémoire un conte de son enfance : « la petite fille aux allumettes » d'Andersen, qu'il va rejouer à sa manière. « Elle est là, toute blanche dans la nuit qui tombe... Elle colle son nez contre la vitre et voudrait bien entrer ! Et moi je suis dedans, bien au chaud. Elle a froid. C'est bien fait pour elle ! Qu'elle crève ! Et en plus, il faudrait que j'aie pitié d'elle ! Qu'elle crève ! Elle va mourir ! Tant mieux ! » Il y a tant de haine, dans cette voix sourde et contenue ! Tant de souffrance aussi. Je reste médusée. Un instant, j'hésite : vais-je aller ouvrir la fenêtre, obligeant ainsi mon patient à dépasser sa haine, soit qu'il consente au passage de l'animal que je pourrais évacuer bien vite dans une autre pièce de la maison, soit qu'il reporte cette haine sur moi, son analyste, qui le délaisse un instant pour m'occuper d'un tiers ? Mais je le voudrais, que je ne pourrais pas. Me voici proprement paralysée par l'intensité de ce qui se vit. A la fois je suis profondément atteinte par la violence du ton et des propos, et complètement identifiée à la petite fille aux allumettes via la chatte. Mais aussi je ressens combien il est important qu'Alain si courtois, réservé et contenu en temps ordinaire, aille jusqu'au bout de l'expression de sa colère et de son ressentiment. De toutes manières, je suis dans l'incapacité totale de réagir présentement, sinon pour reformuler à mon patient avant que la séance ne s'achève, combien son refus de donner gratuitement réveille en lui une colère gigantesque et touche un vécu intime très douloureux.

Vous me croirez si vous voulez, mais je n'ai jamais revu Arabesque. Alain parti, je me suis précipitée sur la fenêtre, j'ai appelé ; je suis sortie dans le jardin en quête de « la petite fille aux allumettes ». Elle s'était volatilisée. Je n'ai pas été trop inquiète. J'ai pensé qu'elle avait pris refuge dans la maison voisine où une âme compatissante l'aurait recueillie. Bientôt, elle reviendrait se faire dorloter, et serait accueillie cette fois sans plus tarder... Mais le jour s'acheva et l'animal ne reparut pas. Les jours suivants, je l'attendis encore. Je la cherchai aussi, et la hélai. Je fis le tour du quartier et questionnai : « Vous n'avez pas vu un chat blanc ? » Suivait une description détaillée de mon animal familier... Si ! on l'avait vu ! Il était passé par ici, il repasserait par là ! il courait ! il courait ! il reviendrait !

Elle n'est jamais revenue. Elle avait été chassée et je l'avais abandonnée. J'envisageai plusieurs possibilités. La plus optimiste, d'abord : Arabesque adorait grimper dans les voitures. Quelle ne fut pas la stupéfaction d'un ami qui nous avait rendu visite, le jour où il la découvrit en ouvrant son coffre au supermarché ! Peut-être avait-elle renouvelé l'aventure, plutôt que de perdre sa dignité à implorer pitié... Auquel cas elle connaissait peut-être les plaisirs du voyage et allait explorer de nouvelles contrées ! Il y avait plus réaliste : Arabesque, gelée, s'était retirée dans un coin pour mourir, à l'abri des regards. Le temps passait. Il fallait me rendre à l'évidence. Elle avait disparu, à jamais. Il fallait me résigner, voir la réalité.

Cette réalité est bien là, en effet. Ma chatte s'en est allée. Je ne verrai plus sa jolie frimousse de féline espiègle, ni ses mines effarouchées de demoiselle distinguée. Je rumine l'événement, et me sens très impressionnée : C'est comme si mon client avait jeté un sort à l'animal, et comme si celui-ci l'avait entendu malgré les vitres fermées. Arabesque est morte victime, en quelque sorte, d'un accident du travail ! Elle a été sacrifiée sur l'autel de la psychanalyse ! Je me sens vaguement en colère contre Alain et lui attribue presque une toute-puissance magique : comme si la violence de sa parole haineuse avait été si forte qu'elle avait eu le pouvoir de détruire la vie de mon animal favori. De fait, c'est bien d'une parole destructrice qu'il s'est agi. Et une parole qui s'est agie. Alain a confusément perçu le lien d'intimité qui se vivait entre ma chatte et moi, lorsqu'il m'a fait l'évacuer de mon cabinet. Si, sur un plan conscient, je l'avais bien vécu, sans doute mon inconscient a-t-il laissé transpirer quelque chose comme un léger regret... Alain, mordu au cœur par la jalousie, a voulu régler son compte à l'animal, mais aussi me toucher dans ma sensibilité. D'instinct, il a frappé à l'endroit sensible que je lui donnais à voir en lui manifestant à mon insu mon attachement et ma vulnérabilité. Dans cette « petite fille aux allumettes » qu'il repoussait et voulait tuer, c'était, par-delà la chatte rivale, moi l'analyste qui étais visée ; mais aussi tous ces frères et sœurs avec lesquels Alain a eu à partager, contre son gré, et à l'égard desquels il se vengeait.

C'est de tout cela et de bien d'autres choses encore que, peu à peu, dans les séances suivantes, il va parler. La mise en mots, partagée avec moi, de tout ce vécu amalgamé conduira Alain, plus tard, à accepter la présence d'un nouveau chat, qu'il ira même jusqu'à caresser et accueillir à ses côtés.

Pour l'heure, ma colère s'estompe vite au regard du pas en avant réalisé à partir de là par mon client. Celui-ci ignore, bien entendu, qu'Arabesque a obéi à son injonction et n'a plus reparu. Peut-être son inconscient l'a-t-il perçu. Toujours est-il qu'il n'a pas posé de question.

Ma tristesse a été plus longue à soigner. Longtemps j'ai continué à chercher ma chatte dans les rues de mon quartier ; puis me suis consolée...

***

Adieu, belle Arabesque, chatte bien-aimée ! Repose en paix, au Paradis des chats, où la Moune m'a dit que tu vivais désormais. Parce que tu étais blanche, et belle, avec un port de reine et des yeux en étoiles, tu étais jalousée. Tu attirais les foudres des aigris, des souffrants, des mal-aimés ; tu concentrais sur toi leurs énergies violentes, leurs pulsions destructrices, afin que j'en sois épargnée. Tu te faisais paratonnerre, « mauvais objet ».

Sois remerciée.

Mémoires d'Arabesque...

Je m'étonne que tu n'aies pas encore élevé un monument à ma mémoire dans ton jardin ! Je l'aurais mérité !

Trève de plaisanterie.

Lorsque tu m'as choisie sur le marché aux chiens, j'ai tout de suite aimé le creux de ta main chaude et sensuelle dans lequel je me suis nichée. Je n'étais alors qu'une toute petite chatonne joueuse, insouciante, une vraie sauvageonne, et j'étais loin de me douter de l'existence que tu allais me faire mener. Née à la campagne, peu habituée au confort d'une maison, j'ai vite apprécié le moelleux de tes coussins, et surtout l'accueil chaleureux de tes bras où j'aimais me pelotonner pour me reposer à l'issue de mes jeux. Chaque soir, je vivais mon quart d'heure de folies. Cachée derrière le pied de la table, je prenais mon élan ; d'un saut, je rebondissais en tremplin sur ton ventre et partais à l'assaut du plafond. Surprise, tu poussais un juron et m'admonestais vertement, puis tu riais en me courant après. Ce furent de bons moments. Plus tard, en grandissant, je m'assagis. Tu m'as décrite comme fière et hautaine. J'avais seulement conscience de la haute mission dont j'étais investie. L'accès du cabinet tout d'abord interdit, je sentais bien pourtant que je pouvais être utile, moi aussi, pour soulager ceux qui venaient à toi. C'est pourquoi mon lieu de prédilection se situait sur le passage d'accès à ton cabinet. J'aimais bien les caresses de tes patients, même s'ils m'empêchaient de dormir tranquillement. Pour eux, je prenais les poses que ma science de chat me dictait et je me prêtais volontiers aux caprices et fantaisies de Pauline. Même le jour où, bien plus tard, elle m'a lancé un coussin sur le nez et menacé de me persécuter — à l'époque où tu m'avais admise sur les lieux de la thérapie. Je ne lui en ai pas voulu. Je percevais trop à travers les antennes de mes moustaches qui captaient les ondes qu'elle émettait, combien son geste appelait au secours.

Et puis... tu ne t'en rendais pas compte alors, mais quand tes clients ne me touchaient pas, c'est toi qui, subrepticement, me caressais. Si tu étais tendre et douce, je me trémoussais d'aise et en redemandais. Mais il arrivait qu'entre deux patients particulièrement éprouvants, tu ressentes le besoin de décharger, toi aussi, un peu de l'agressivité accumulée pendant l'heure précédente. Ta main impatiente et nerveuse fourrageait dans ma fourrure, me houspillait, me triturait. Accroupie aux pieds du fauteuil, tu t'autorisais enfin à dire tout ce qui t'avait traversé le corps et le cœur pendant que tu écoutais celui qui était venu auprès de toi parler de sa vie pour y trouver du sens, et qui t'avait fait vivre, l'espace d'une séance, un peu de sa souffrance et la quête éperdue de la signification de sa vie. Parfois aussi, la tristesse te submergeait. Tu sortais accablée sous le poids de l'histoire qui venait de t'être contée. Sans un mot, tu pleurais. Je sentais combien ces larmes te lavaient et te rassérénaient. Tu enfouissais un instant ton visage dans ma robe mouillée. Je te moulinais le plus doux des ronrons dont j'étais capable. Ma langue rèche se faisait tendre autour de tes doigts crispés, pour tenter de te réconforter. Puis, très vite, tu te reprenais pour accueillir le client suivant. Tu avais puisé aux sources de ma chaleur animale toute l'énergie vitale dont tu avais besoin pour t'ancrer dans une plénitude d'écoute où plus rien d'autre n'existait que celui ou celle qui te parlait. La puissance de vie qui émanait de moi rejaillissait en toi à travers ce contact chaleureux de mon corps langoureux. Nous autres félins, avons ceci de particulier que vos angoisses d'humains, loin de nous anéantir, se laissent absorber ; par un procédé dont nous avons le secret, nous pouvons, si nous le voulons, vous régénérer de par notre seule présence aimante. D'instinct, tu l'avais bien compris — ou plutôt ressenti. Je pense que c'est la Moune qui, dans ton jeune âge, t'a appris à goûter les bienfaits de notre intimité. Rappelle-toi aussi cette curieuse bonne femme du

4e étage de ton immeuble lorsque tu étais adolescente. Elle se droguait à l'éther et diffusait sur son passage de tenaces effluves. Parfois, tu la rencontrais dans l'escalier. Elle te disait alors, d'un air pénétré : « Les chats ont une âme ! » Tu l'écoutais, pensive. Elle disait vrai et savait de quoi elle parlait. Malgré tout le poids de la vie dont elle était chargée, c'est grâce à nous qu'elle vivait !

Mais revenons à ton travail.

Oui, j'ai changé de fauteuil, à un certain moment, comme pour m'éloigner de tes patients... C'est que j'ai eu, il faut le dire, quelques difficultés à me plier à l'imprévu de leurs caresses. Comme tout animal de mon espèce, j'ai horreur du changement. Je prenais de l'âge aussi. J'avais besoin de me retirer dans mes appartements et de dormir au calme. L'essentiel n'était-il pas que je garde le lien avec toi ? Je ne perdis pas pour autant contact avec tes clients. Ma présence à distance irradiait ses ondes revitalisantes bien au-delà du toucher immédiat. Il m'arrivait aussi de me promener, et de me frotter amicalement aux jambes de ceux qui passaient par la salle d'attente. Histoire de les faire patienter. Je garderai le secret de ce qui s'y passait. Tout comme je me tairai aussi sur l'auteur de ce geste cruel dont je ressortis le cou raviné et tuméfié pour quelques jours. Il est plus sage, en effet, que tu restes dans l'ignorance à ce sujet. D'ailleurs il y a prescription.

Quant à mon incarnation de « la petite fille aux allumettes », ce fut, évidemment, un moment difficile. J'ai eu très froid. Et très peur. Froid au dehors et froid dans mon cœur. Ces paroles de haine m'ont déchirée à l'intérieur. Elles me faisaient plus de mal que la morsure du gel ou les gifles du vent glacial qui sévissait ce jour-là. Je suis partie, c'est vrai. Sans retour. Pour toujours. Mais tu n'as rien compris, je crois, à ce qui s'est passé pour moi. Aurais-tu oublié le tour que tu m'as joué ?

J'étais une chatte fidèle, aimée, choyée, bichonnée. Nous venions d'aménager dans ce lieu merveilleux au jardin enchanteur, où je pouvais m'ébattre enfin, et chasser, et rôder. C'était un avant-goût du paradis. Nous étions bien ensemble ! Mais il est apparu que ma présence ne te suffisait pas. Reprenant ta vieille idée, sous prétexte que tu avais un jardin, tu es retournée sur le marché aux chiens. Tu es tombée en arrêt devant un gigantesque quadrupède, tout en pattes comme un échalas. Un misérable rouquin aux oreilles pendantes, à la truffe noire et mouillée, qui te dévorait de ses yeux humides — tu les prétendais affectueux ! Tu l'as ramené à la maison. Tu l'as baptisé « Asti », parce qu'il était pétillant comme le vin du même nom. C'est vrai qu'il était beau, dans son manteau à longs poils qui flamboyaient dans la lumière ! Mais qu'il était remuant ! Il frétillait sans cesse, de la tête à la queue. Il me poussait avec son museau, me taquinait d'un coup de sa grosse patte pataude qu'il voulait rendre douce et amicale. Mais que peut savoir un chien de la délicatesse du chat ? Au début, effrayée par l'énormité de ce nouvel arrivant, je me cachai précipitamment, et fis entendre mes grondements les plus terrifiants. Mais il n'en parut pas ému le moins du monde. Puis, je me risquai à me laisser approcher. Il semblait pacifique. D'un coup de langue affectueux, il m'envoya promener à vingt centimètres de là. D'un feulement sonore je lui exprimai mon mécontement. Quel être peu galant que ce chien-là ! Toutefois, je compris très vite que le danger, pour moi, était bien au-delà de la perte de ma tranquillité physique : non seulement c'en était fini, désormais, de la quiétude de mes siestes, mais cet hôte encombrant allait me voler ma place dans ton cœur ! J'allais devoir à mon tour, comme Alain, te partager avec lui ! Je ne serais plus l'objet unique de tes caresses ! Je ne goûterais plus à la rondeur de tes genoux sans qu'Asti ne s'en mêle...

J'eus bientôt ma revanche, il est vrai. Un soir, ta journée de travail achevée, tu fis entrer mon rival dans ton cabinet. J'étais, pour ma part, avachie sur l'un de tes fauteuils et je goûtais paisiblement la douceur du crépuscule — les yeux clos, je faisais semblant de dormir, mais restais sur le qui-vive, on ne sait jamais ! Ce qui se produisit me surprit autant que toi. Asti partit comme une flèche en direction de ton divan. Il en fit le tour, humant de sa truffe chercheuse les odeurs qui s'en dégageaient, il fit entendre un gémissement, puis pleura carrément et, revenant vers toi, te planta ses crocs dans le bras. Surprise et apeurée, tu le grondas sévèrement, et le mis à la porte. Puis tu revins me caresser, et te faire rassurer. Je minaudai, consciente de mon importance et heureuse de retrouver grâce auprès de toi. Le lendemain, tu renouvelas l'expérience. Les mêmes causes produisant les mêmes effets, l'animal recommença à geindre et à montrer les dents, babines retroussées ; il était effrayant. Je jubilais ! Le surlendemain, tu appelas ton mari pour constater le phénomène, comme si ta seule observation ne suffisait pas à te convaincre de la faiblesse psychique de ton protégé ! Vous avez tenu conseil : que se passait-il donc ? Vous remarquiez que c'était le divan qui provoquait les émois du toutou, et ses pleurs, et ses cris, et sa décharge agressive. Vous en avez mis du temps pour comprendre ! L'espèce canine réagit mal aux odeurs de l'angoisse, de la tristesse, des pulsions destructrices. Asti était comme attiré, de façon morbide, par toutes ces « ondes négatives » accumulées sur le divan tout au long de la journée. Mais il ne supportait pas le trouble que cela induisait en lui. Dans votre jargon de « psy », vous diriez qu'il était névrosé ! Nous autres, de l'espèce féline, sommes capables de nous laisser pénétrer par ces résidus de l'angoisse, de la souffrance et de la violence, pour les faire disparaître et reconstituer, de par notre énergie propre, un pôle émetteur de chaleur vivante et vibrante se diffusant tout alentour. Là encore, tu eus la sagesse de te laisser guider par ton instinct, et de refouler à tout jamais Asti du cabinet : il ne devait plus désormais, s'approcher de tes patients que, jusque-là, il accueillait au portillon du jardin et accompagnait jusqu'à la porte d'entrée. Cet accueil était, d'ailleurs, diversement apprécié par tes clients. Certains s'en réjouissaient, sensibles à la joyeuse compagnie. D'autres trouvaient — à juste titre — un peu intempestives les démonstrations affectueuses de notre prétendu ami. Quoi qu'il en soit, sa présence devint, tout d'un coup, encombrante et indésirable. Un matin, j'eus la joie ineffable d'assister au départ de l'intrus qui fut confié à la S.P.A. pour y être adopté par des maîtres plus accommodants envers son fragile équilibre nerveux, et disposant d'un champ d'ébats plus vaste que le nôtre.

Je fus, certes, bien débarrassée. J'avais triomphé du nouvel arrivant. Ce stupide animal n'avait pas su se faire aimer.

Je restais seule maître à bord. Mais au fond de mon cœur, une blessure ouverte saignait. Ainsi, tu n'avais pas hésité à m'imposer ce partage auquel je rechignais. Pendant quelque temps, j'eus même l'impression que tu m'avais préféré le bel Asti au pelage rougeoyant : tu le peignais, tu le brossais, tu jouais avec lui. J'étais mordue par la jalousie. Aussi, quand Alain, ton patient, manifesta la sienne à mon égard, je fus très divisée. Je souffrais, bien sûr, d'être ainsi rejetée et tuée en pensée. Mais en même temps, je comprenais tellement, pour l'avoir vécu dans mes entrailles de chatte évincée, la souffrance de celui qui ne peut plus donner, parce qu'il s'est cru dépouillé de l'amour qui l'avait fait vivre !

Alors, je suis partie, pas seulement parce que j'avais froid, et que j'étais refusée ; mais aussi parce que je ne voulais plus te partager avec qui que ce soit. Je me suis comportée en chatte abandonnique. Tu es bien placée pour savoir en quoi ça consiste ! Tu connais ces personnes qui, par peur d'être repoussées, prennent les devants et se sauvent dès que tu leur as manifesté quelque intérêt. Parce qu'elles ont été mal aimées une fois et se sont cru abandonnées, elles refusent désormais à tout jamais de s'attacher. Ainsi, j'ai pris la fuite pour ne plus avoir à revivre l'éviction dont j'avais été l'objet, et qui se trouvait douloureusement ravivée par le cri viscéral de ton patient. Je ne te faisais plus confiance, et pourtant je t'aimais. Sans doute ai-je davantage pensé à me préserver d'une souffrance nouvelle que songé à la peine que j'allais te causer. Veux-tu me pardonner ?

Je ne te raconterai pas ma fugue. C'est sans intérêt. Aujourd'hui, j'ai compris, à mon corps défendant, que refuser la confiance, c'est courir à la mort. J'en ai fait la triste expérience. Dis-le bien à tous tes patients.

Maintenant, chère maîtresse, je m'en vais te quitter. Je ne regrette rien. Avec toi j'ai vécu des jours heureux et malheureux. Je t'ai accompagnée tout au long des années. Nous avons ensemble dansé de joie. Je t'ai consolée dans tes peines. Tu m'as confié tes émois et comblée comme une reine. Du paradis des chats, je veille encore sur toi.

Surtout, ne t'apitoie pas sur mon sort. Je savoure ici une

éternité délicieuse. Et je suis tellement soulagée de constater quelle entente harmonieuse règne entre ma remplaçante et toi. Conte-nous aujourd'hui l'histoire de Julie. Nous sommes tout ouïe !

⁂

L'Histoire de Julie — Concerto à deux voix
L'Apprivoisement réciproque

Me voici bien surprise par le testament d'Arabesque. Je ne m'attendais pas à celle-là : Ma chatte, abandonnique ! Non pas vraiment chassée, mais partie de son plein gré ! Ce sont bien là les mots qu'elle m'a dictés.

A vrai dire, en mon for intérieur, peut-être l'ai-je toujours su.

Cela éclaire d'un jour nouveau la façon dont j'ai choisi Julie. Sans doute ai-je perçu du fond de ma tristesse, la détresse profonde qui avait causé le départ de ma chatte jalouse. Il se peut que j'aie eu mauvaise conscience et aie voulu réparer...

Toujours est-il qu'après une année complète de grand deuil et d'abstinence de caresses chattières, je m'adressai à nouveau au Père Noël, le priant de m'envoyer en l'occurrence, non pas un petit frère ou une petite sœur, mais une bonne et brave bête câline et douce, que je saurais combler de mes faveurs.

Cette fois, je renonçai à l'acheter sur le marché aux chiens : j'aurais risqué de succomber encore à quelqu'appel pressant d'un regard de cocker aux yeux doux. Je pris résolument le chemin de la S.P.A. — avec peut-être encore l'espoir fou d'y retrouver Arabesque qui aurait pu atterrir là par je ne sais quel miracle ! C'est une dure épreuve que de fréquenter ces lieux-là. Me voici qui arpente les allées ravinées pleines de boue séchée, entre des rangées de cages vides. L'hiver frappe encore durement cette année. Les animaux sont à l'intérieur. Une femme en sabots, au parler volubile, trottine devant nous — je suis venue en famille pour me faire assister dans cet acte grave qui ne concerne pas que moi : mon mari et mon fils peuvent avoir leur mot à dire à propos du nouvel habitant de la maison. Nous entrons dans le bâtiment réservé aux chats. Notre guide nous explique qu'en ce mois de décembre, il n'y a pas de chaton mais seulement quelques matous abandonnés, recueillis par des âmes sensibles qui n'ont pas supporté de les voir errer, longues formes efflanquées, dans les rues de la ville ou la campagne désolée. Des relents nauséabonds de pisse longtemps marinée montent des litières et nous font suffoquer. Pourtant, ici aussi, la plupart des cages sont vides. Mais tellement imprégnées des excréments qu'elles en conservent l'odeur longtemps après le départ de leurs occupants. Des miaulements tragiques déchirent nos oreilles. Nous arrivons vers les lieux habités : sorte de croisée des chemins où sont concentrés les animaux à adopter : cinq ou six félins emprisonnés derrière des barreaux, chacun dans sa loge particulière, se pressent en braillant et poussent leur nez furieux contre les tiges de fer, appelant à la délivrance. J'ai le cœur serré. J'ai hâte de sortir. La scène me rappelle quelque chose. J'ai moi aussi, jadis, dans ma petite enfance, connu cet état d'abandon. Le souvenir de longues heures passées derrière les barreaux de la grille de la pension des Charmilles, où mes parents m'avaient placée, remonte brusquement à ma mémoire. Je revois la grande place du village, ouverte, mais interdite. J'y guettais interminablement, des après-midi durant, l'arrêt du car censé ramener mes parents... Un instant mes doigts s'enroulent à nouveau autour des barreaux, je suis ramenée près de cinquante ans en arrière ; mes yeux sont envahis par les larmes. Je suis complètement identifiée aux animaux naufragés et j'ai envie de fuir cet endroit désolé. Puis je me ressaisis. Aujourd'hui, c'est moi qui viens, de l'autre côté de la barrière, pour délivrer une prisonnière. Je m'approche et regarde les pensionnaires. La femme, bavarde, crie dans mes oreilles pour couvrir leurs vociférations. Elle me fait les présentations. Celui-ci, me dit-elle, est superbe et bien portant... Celui-là... Je ne l'écoute pas. Les matous ne m'intéressent pas. C'est une chatte que je veux. Je les ai déjà repérées, à leur tête ronde, à leurs trois couleurs, à un je ne sais quoi qui me les fait, à coup sûr, reconnaître entre mille. Je n'en aperçois que trois. L'une, ravissante, tablier blanc et manteau noir, une sorte de loup dessiné autour des yeux ; accroupie devant elle, je lui parle doucement. Elle feule dans ma direction, crache d'un air méchant, l'œil fourbe et teigneux. Non, décidément, sa beauté ne me séduit pas vraiment. La seconde a le poil angora, la fourrure abondante ; elle se jette littéralement contre les parois de sa cage et paraît déchaînée. Notre accompagnatrice me met en garde : il ne faut pas trop approcher, elle est comme enragée ! Mon regard s'attarde sur la plus éloignée : une petite chatte, discrète et silencieuse, assez terne. Non, elle ne paye pas de mine. Mais elle a l'air gentille. Une vraie chatte de gouttière, à robe tigrée, grise et mordorée. Ses yeux verts sont branchés sur moi. Je me baisse à son niveau. Elle se frotte aux barreaux. Et ronronne. Mes doigts amorcent une caresse. Elle se soulève pour aller au-devant, et fait entendre un petit miaulement. Mon choix est fait. Je sens que nous allons nous entendre. La femme est étonnée : je prends la plus vilaine. Ai-je bien réfléchi ? Je consulte mon fils et mon mari. Ils sont de mon avis. Le sort en est jeté. Elle n'est pas jolie ? Son nom sera Julie. Nous ressortons pour les formalités, tandis que l'animal, arraché à sa litière, se ratatine dans les bras de l'hôtesse qui l'emporte.

Le trajet n'est pas long qui nous ramène à la maison. Nichée contre mon cœur, la chatonne — quatre à cinq mois environ — recherche ma chaleur. Telle un nourrisson en manque de contact, elle se blottit sur mon sein et le fouille. L'odeur d'urine est pestilentielle. Nous avons hâte d'arriver.

Nous y voici enfin. La première chose à faire est de lui montrer sa litière. Je m'enferme avec elle dans la salle de bains où j'avais préparé le petit plateau recouvert de graviers et destiné à cet effet. Elle renifle l'objet, circonspecte, tandis que je lui en explique patiemment l'usage. Compréhensive, Julie ! Elle s'exécute aussitôt et marque son territoire par une abondante pissarade, puis gratte le sol tout autour avec frénésie. A côté, je lui montre son lit, puis son auge emplie de croquettes et la coupe d'eau fraîche. Son museau furète tout autour. Ma chatte prend peu à peu possession de son domaine. Mais elle garde son air craintif et marche ventre à terre, pattes pliées, comme sous le poids d'un fardeau ou la menace de quelque cataclysme. Seul le ronron continu indique son contentement. J'en profite pour lui administrer un bain moussant odorant avant de la libérer dans l'appartement.

Quelle imprudence ! La porte aussitôt ouverte, Julie a filé comme une fusée, et reste insensible à mes appels. Je vaque à mes occupations. Il faut lui laisser le temps d'explorer la maison, librement. Elle ressortira bien pour manger, et peu à peu se laissera apprivoiser.

Et bien non. Julie a disparu. Le jour s'achève sans qu'elle ait reparu. J'explore en vain le dessous des armoires, le ventre des placards... Où est-elle allée se cacher ? De guerre lasse, je vais me coucher. Nous verrons bien demain. Je laisse à tout hasard un peu de nourriture fraîche et de quoi boire... Le lendemain matin, elle n'y a pas touché. Je la déniche enfin, blottie derrière un classeur à rideau, me surveillant de ses yeux ronds, inquiets, effarouchés. La tirer de là n'est pas une mince affaire. En m'étirant, j'attrape une patte et l'extirpe, tout en lui parlant doucement. Elle se laisse faire, et se met en rond dans mes bras, me gratifiant à nouveau du chant mélodieux de sa gorge ronflante. Dès que je la repose, elle se recroqueville, comme s'apprêtant à recevoir des coups. Je la pose devant son assiette : elle ne consent à manger ou à boire que si je maintiens la main en contact avec son corps maigre et nerveux. Si je la retire, elle s'arrête aussitôt et cherche à disparaître en se faisant la plus petite possible. Si je m'éloigne, elle se précipite à nouveau vers sa première cachette où désormais je saurai la trouver.

Manifestement, cette chatte a été battue. Elle va être longue à apprivoiser. Je ne sais pourquoi, elle m'a donné sa confiance, d'emblée. Pendant huit jours, je suis la seule personne à pouvoir l'approcher. Comme je suis en vacances, j'offre à Julie le refuge de mes bras accueillants, ou bien la large poche de mon tablier ! Je la promène dans toutes les pièces de la maison, en lui parlant sans cesse et en la caressant. Je sens peu à peu l'animal se détendre. Elle paraît sensible au son de ma voix qui, maintenant, la fait timidement sortir de son trou et venir au-devant de moi. Je lui dis des mots doux : « Ma petite Julie ! N'aie pas peur ! » Pour elle, j'invente des ritournelles, elle me rend lyrique... et ridicule ! Qu'importe. J'ai passé l'âge de pouponner, mais je retrouve pour elle des gestes maternels comme avec un bébé. Progressivement, elle prend de l'assurance, et se risque à explorer seule, l'espace qui s'ouvre devant elle. Je dois reprendre mon travail, et décide de la laisser errer dans l'appartement tandis que je descends à mon cabinet de consultations à l'étage au-dessous.

Mais Julie ne l'entend pas de cette oreille, et ne me quitte pas d'une semelle. La voici qui dévale l'escalier avec moi, en miaulant de sa petite voix plaintive. Attendrie, je la laisse venir. Elle s'installe sur le fauteuil que j'utilise pour les entretiens de face à face. C'était aussi la place d'Arabesque. Mes patients vont-ils accepter cette nouvelle présence ?

La plupart l'ont acceptée, et l'ont manifesté, chacun à leur manière. Très peu l'ont rejetée. Voici quatre années maintenant que Julie et moi nous travaillons ensemble. Nous avons appris à bien nous connaître. Chacun de nous deux a ses rites, ses habitudes, ses manies, ses exigences aussi, et ses humeurs. Ainsi, dès le matin, le petit déjeuner pris, Julie ayant accompli son tour de jardin, batifolé dans la rosée du matin, humé l'odeur du vent et fait peur aux oiseaux, demande à rentrer et se plante devant la porte qui mène à mon cabinet. Si j'ai quelque retard ou les jours de repos, de véhémentes protestations me rappellent à l'ordre. En temps ordinaire, il me suffit de dire : « Allez, on y va ! » : la voilà qui m'emboîte le pas. D'une façon générale, Julie me suit partout. Elle a gardé, de son premier temps d'apprivoisement, un phénomène d'empreinte, qui l'a fait s'attacher à moi comme à Lorenz ses oies. Lorsque je sors, elle sort — mais ne me suit pas au delà de son territoire alentour —, et à mon retour de la ville, elle est là encore pour m'accueillir, la queue en l'air, ou bien se roulant par terre, ventre offert. Elle me tient de longs discours, tissés de roucoulements mélodieux, d'arpèges inattendus, de marmonnements audacieux, de gongonnements éloquents. Il faut toujours qu'elle ait le dernier mot ! Jamais je n'avais vu chatte aussi bavarde. Et péremptoire dans ses déclarations. Mais lorsque nous travaillons, là, elle sait se taire, comme si elle avait compris que le lieu de la thérapie est un lieu de Parole : Seuls les humains ont droit à la Parole. Le seul bruit qui lui soit permis — elle l'a admis — c'est celui de son petit ronflement de gorge amical et monotone, dont la vertu est si apaisante et rassurante quand il est distillé à bon escient auprès de mes patients. Mais elle sait bien que, partout ailleurs, elle peut, elle aussi, s'exprimer et parler à sa manière.

A propos, saviez-vous que les chats sont musiciens ? Lorsque je faisais, jadis, mes études de psychologie, notre professeur d'éthologie nous avait vivement encouragés à observer nos animaux familiers, à la recherche de quelque comportement typique sur lequel nous pourrions travailler. J'avais recueilli à l'époque, une chatte perdue, qui nous avait suivis, un jour, et adoptés. Elle avait installé ses quartiers — d'hiver en particulier ! — chez nous, puis s'en allait, et revenait, au gré de ses humeurs et de ses amours vagabondes. J'avais été frappée, alors, par son attrait pour la musique : Dès que j'écoutais quelque mélodie classique, Minouske accourait. Affinant mes observations, j'avais remarqué qu'elle était tout particulièrement sensible aux « Mi » un peu aigus, qui la faisaient tomber en arrêt, aux aguets. Mon professeur avait paru vivement intéressé par la chose. Peut-être l'aura-t-il expérimenté lui-même ensuite, dans ses laboratoires où nous apercevions parfois une dizaine de chats hallucinés, au crâne dénudé et couvert d'électrodes !

Julie, pour sa part, confirme le phénomène. Non seulement elle manifeste une attirance certaine pour les sons qu'elle semble reconnaître et identifier aisément ; mais, bien plus, si je joue d'un instrument, elle entre véritablement en transe. Je m'assieds au piano — les notes graves la laissent assez indifférente. Je monte vers les aigus ? Julie n'y tient plus. Elle grimpe sur mes genoux, miaule, ronronne, ne sait plus où donner de la tête, saute sur le piano. Je n'ai plus qu'à le refermer. Je ne peux plus jouer. Les méchantes langues diront que c'est bien là ce qu'elle voulait ! Je me rabats sur le violon ou sur le psaltérion ? La transe atteint au paroxysme. Si Julie était dehors, à des lieues à la ronde, les vibrations la rejoignent, elle arrive bien vite, à toutes pattes, courant comme un bolide, et demande à rentrer. Si je lui obéis, c'en est fait de mon quart d'heure de musique. Au premier tiré-poussé de l'archet, l'excitation touche au délire. D'un bond la voici sur mon épaule qu'elle pelote avec ravissement, enfonçant joyeusement ses griffes dans ma chair ; sa gorge diffuse la sourdine de son ronronnement pour accompagner la mélodie. Son museau humide pousse mon cou sur l'instrument, tandis que sa patte agile essaye d'attraper ma baguette où le crin tendu fait vibrer les cordes — qui pourtant, aujourd'hui, ne se font plus en boyaux de chat comme autrefois ! Là encore, je dois renoncer à jouer ; (On peut s'en féliciter ! là n'est pas la question) ou remettre l'animal dehors ! Tant pis, je vais chanter. Las ! ma voix de soprano coloratour produit le même effet. Bien mieux : C'est aux sources même du son que ma chatte veut communier ! La voici qui, si je n'y prends garde, pointe sa frimousse chercheuse dans ma gorge déployée, comme pour y recueillir les notes. Et de ronronner ! Et de se frotter ! J'insiste et persiste. Et alors c'est l'extase : Julie mêle sa voix à la mienne en modulations flûtées, en trémolos sinueux. C'est une artiste à n'en pas douter ! En avant pour le concerto ! Piano... Pianissimo... Ma chatte est talentueuse. Mais point trop n'en faut.

Est-il besoin de préciser encore qu'entre nous règne une entente tout à fait cordiale et une vraie complicité ? Nous sommes loin, aujourd'hui, de la petite bête recroquevillée, tremblante et terrorisée qui nous fut confiée, et qu'il fallait apprivoiser. La voilà dans la plénitude de l'âge, majestueuse parce qu'elle a fait du lard, le poil brillant, la démarche plan-plan, l'air sage et parfois arrogant. Elle a embelli. C'est ma Julie. Ma petite folie.

Les Dits de Julie

J'ai été très émue, bonne maîtresse, à la lecture du récit de mon adoption. C'est vrai, j'ai eu une petite enfance malheureuse : Mal aimée, battue, crevant de faim et de froid, j'ai dû me démener comme une forcenée pour tenter de survivre. Mon amour de la vie fut le plus fort. Je m'échappai un jour, et pus reprendre souffle à la S.P.A. J'y étais depuis peu lorsque tu es arrivée. D'emblée, quand tu es entrée, j'ai perçu en toi une amie. Mais j'étais si laide et si frêle, allais-tu me regarder ? Tu es tombée en arrêt devant moi. Je me suis faite la plus simple possible pour parler à ton cœur. Tu m'as entendue. Tu m'as élue. Tu ne l'as pas regretté, moi non plus.

Tu as pris le temps de m'apprivoiser. Ne t'étonne pas de me voir ainsi attachée à tes pas : J'ai besoin de toi comme tu as besoin de moi. C'est parce que le lien qui nous unit passe par l'intimité de ton corps et du mien, que je puis travailler avec toi auprès de tes patients. J'ai appris, en me lovant au creux de ta poitrine, tout près de ton cœur, à reconnaître dans ses battements le rythme de la joie, de la douleur, de l'amour ou de la peur. J'y ai respiré les parfums enivrants du plaisir, l'odeur acide de la tristesse ou de l'angoisse, et celle, âcre et sauvage, de la violence et de la haine. J'y ai senti, en des frémissements imperceptibles, les émois de la chair qui se souvient, bien avant que les images ou les sensations remontent à ta conscience. Mes moustaches sont, pour moi, comme des antennes qui me renseignent sur ton être intérieur, et je devine tes humeurs et tes pensées mieux que tu ne les connais toi-même. Je ne crains pas de dire que je suis parfois porteuse de ce que tu appelles ton inconscient. Je vais te révéler un secret : je ne suis guère intelligente. Et c'est très bien ainsi. Car c'est cela qui me permet de sentir avec une telle acuité ce qui se tisse dans cette frange de l'être où le corps n'est pas encore esprit ; et pourtant s'anime d'une lueur de vie dont le sens m'échappe, mais qui me pousse à agir et réagir selon mon instinct ; par lui je me laisse porter. Il me conduit avec sûreté. Quand je suis auprès de toi et de tes patients, je dors, le plus souvent. Mais ne t'y trompe pas, cet instinct en moi veille, et c'est lui qui me fait quelquefois me lever pour aller me poser sur le corps de tes patients quand je sens que la vie y est en souffrance et a besoin de ma chaleur. Je me laisse guider. C'est tout simple ! Si cela vous étonne, vous, les humains, c'est que vous n'avez guère l'habitude de faire ainsi confiance à vos ressentis. Vous êtes trop intelligents. En ce qui te concerne, tu as quand même la sagesse de ne pas trop fonctionner avec ta tête : juste ce qu'il faut. Moi je ne comprends rien. Mais je sens tellement de choses ! En fin de compte, nous nous complétons assez bien : toi l'intelligence, et moi l'instinct. En commun, nous avons le cœur. Mais chut ! La plupart des gens n'y croient pas, sous prétexte que nous ne versons jamais de pleurs ! Chacun ses illusions !

Pour en revenir à ce que tu as écrit, j'ai beaucoup aimé que tu racontes mes talents de musicienne. J'ai seulement envie d'ajouter que je suis particulièrement sensible à ta voix. Je la reconnaîtrais entre mille ! Je l'entends de très loin, même lorsque tu murmures ou chantonnes. Là encore, les paroles m'importent peu, je n'ai pas accès à leur signification. Mais le ton de ta voix, la musique des mots, le bruissement qu'ils font, me parlent et me renseignent sur ce que tu ressens, dans ton corps, dans ton cœur ; autant que les odeurs ! J'aime, par-dessus tout, les modulations et les vibrations sonores que tu émets lorsque tu t'amuses à me parler, rien qu'à moi, rien que pour moi. Tu ne comprends rien, toi non plus, à mon vocabulaire de chat, mais je te réponds, à ma façon, par mes ronrons. Je sais combien tu les aimes !

Je t'autorise à raconter quelques hauts faits de notre collaboration. Peut-être aurai-je encore des choses à ajouter, de temps en temps, si tu y consens...

Julie, ma Co-thérapeute
Quand Julie dort...

Puisque ma chatte m'y invite, je ne me ferai pas prier. Je vais m'efforcer de faire partager mon émerveillement devant certaines observations qu'il m'a été donné de faire tout au long de mes journées de travail de psychothérapeute-analyste en sa compagnie.

Pour bien faire saisir la nature des événements que je vais relater, je me dois de présenter d'abord les lieux dans lesquels nous allons évoluer.

Pour accéder à mon cabinet, situé en rez-de-jardin, il faut emprunter la petite allée qui contourne la maison. A l'arrière de celle-ci, s'ouvre une véranda, minuscule sas qui permet de s'abriter du vent du nord, glacial et si fréquent dans notre région. Prenez la peine d'entrer. Vous voici dans un vaste corridor, très sombre. Sur votre droite vous accueille la salle d'attente, où vous pouvez prendre patience en feuilletant livres et revues à votre disposition, mais aussi — certains ne s'en privent pas — en dessinant, si le cœur vous en dit, sur le tableau de papier garni de feutres multicolores et utilisé ordinairement lors de séminaires divers. A gauche du corridor, juste en face de la salle d'attente, se trouve mon cabinet. Celui-ci est toujours un peu sombre, été comme hiver, en raison des ombrages diffusés par la végétation, et je suis bien souvent obligée de travailler avec la lumière électrique. A droite de la porte d'entrée, se dresse mon bureau personnel, en général très encombré, l'ordre n'étant pas une de mes qualités essentielles... Si vous venez pour un entretien, je vous inviterai à prendre place sur le fauteuil situé face à la porte. Je m'installerai sur le siège identique qui lui fait vis-à-vis et où dort le plus souvent Julie. Derrière moi, à mi-hauteur, un miroir dans lequel certaines personnes aiment à plonger un rapide regard au moment de repartir. Entre nous deux, légèrement décalée pour ne pas couper l'espace de communication, une table basse ronde en bois massif et garnie presque toujours, quelle que soit la saison, d'un bouquet de fleurs. Le divan d'analyse est situé dans la profondeur de la pièce, presque parallèle au bureau, le long du mur en face, et regardant la fenêtre ouvrant sur le jardin. Derrière la tête du divan, un caissonnage de bois sert de tablette où mettre mes dossiers ou tout simplement mon bras lorsque j'ai envie de m'appuyer. Mon fauteuil d'analyste est en effet juste à côté de ce caissonnage, en arrière du divan. Sur ce plateau est entreposée en permanence une couverture de laine pliée et que parfois un patient me réclame lorsque le froid de l'angoisse lui paraît trop insupportable. Il arrive que Julie vienne se placer sur cette couverture, à l'angle le plus extrême de la pièce et derrière la tête du patient, dans certaines circonstances dont nous aurons à reparler. Mais sa place favorite reste le fauteuil que j'occupe ordinairement quand je suis en entretien de face à face. Lorsque j'ai moi-même besoin de m'y asseoir et que ma chatte y est installée, je la prends délicatement et la repose sur le troisième fauteuil, celui où je me mets lorsque mon client est sur le divan, un peu en arrière de lui. Julie est parfaitement habituée à ces petits transports de sa personne, et se laisse trimballer sans sourciller d'un siège à l'autre. Cela ne semble nullement perturber ses rêves de chatte. Mes patients, par contre, paraissent plus étonnés et le plus souvent amusés par ces va-et-vient et surtout, par la placidité imperturbable de l'animal qui ne daigne même pas ouvrir l'œil.

Le décor ainsi planté, nous allons pouvoir maintenant admirer Julie au travail.

D'ordinaire, je l'ai dit, elle dort sur son fauteuil, ou sur la couverture. Mais il arrive que, brusquement, et à mon grand étonnement, elle vienne sur le divan, à côté ou sur le corps même du patient. On pourrait être tenté de penser que cela se produit n'importe quand, et l'attribuer au besoin qu'a l'animal d'être caressé : Julie a des familiarités, il est vrai, que l'on peut trouver très osées. Cependant, deux choses sont remarquables quand cela se produit. La première, c'est qu'il est très rare que la personne se récrie. En général, elle accueille très favorablement l'animal dont la présence et le contact donnent lieu à une parole presque toujours fort importante. Il arrive aussi que le patient, tout absorbé qu'il est par l'intensité de son vécu intérieur, ne s'aperçoive même pas du déplacement de la chatte, ni du fait que celle-ci soit venue près de lui ou sur lui. Cela me surprend toujours, mais c'est ainsi. Par contre, il n'est pas rare qu'à la séance suivante, l'apport d'un rêve témoigne du fait que l'inconscient du sujet a bien enregistré ce qui s'était passé. En second lieu, lorsque Julie se déplace de cette manière, c'est toujours, semble-t-il, à bon escient ; c'est-à-dire en synchronicité avec le vécu du patient. C'est toujours signifiant. Les parties du corps sur lesquelles elle se pose, peuvent être : près de la main, sur le ventre, entre les jambes ouvertes, près de la tête, près du cœur...

⁂

Je vous conterai d'abord le charisme spécial de Julie pour se mettre à l'unisson du ventre de mes patientes. Chacun sait que le ventre est, par excellence, le lieu de résonance des affects, ce lieu le plus secret de nous où retentissent les émotions qui nouent les intestins, mais où, aussi, éclot la vie. Tout se passe comme si ma chatte avait le don de percevoir les spasmes des entrailles qui se tordent, ou les premiers émois qui s'éveillent dans un ventre de femme encore insouciante de l'être qui vient nicher en elle.

Voici Renée *, 30 ans environ. Sportive, délurée, elle manifeste un grand appétit de vivre, de fortes pulsions sexuelles,

* Rappelons que tous les prénoms cités sont imaginaires et tous les détails transposés pour éviter que les patients puissent être identifiés.

et aussi, pour conjurer son angoisse permanente, un besoin incessant de contrôler les événements autant que les personnes. Son activité est débordante. Elle aime le travail bien fait, veut l'efficacité : tout est organisé. Très extravertie, sociable, elle a de nombreux amis, qui apprécient sa gentillesse. Sur elle, on peut toujours compter. Elle ne craint pas les responsabilités. Très en demande par rapport aux hommes, elle éprouve aussi, en raison de son histoire personnelle, le besoin de les protéger, physiquement et psychologiquement. Au cours de son analyse, elle commence pourtant à prendre un peu de distance par rapport à eux. Mais voici que depuis quelques jours, elle est en proie à des vertiges violents, qui l'immobilisent chez elle. Les examens cliniques classiques n'ayant révélé aucune anomalie particulière, force lui est de conclure que l'origine de son symptôme est psychologique. Ce jour-là, elle revient de chez l'ostéopathe, tout excitée. Celui-ci lui a déclaré : « c'est votre cerveau qui chauffe ! » De fait, toute la moitié gauche de sa tête lui donne une sensation de brûlure, et elle commente : « c'est mon cerveau gauche qui chauffe, celui du rationnel, qui ordonne, organise et prévoit ! » Elle me raconte quelques rêves, puis, à brûle-pourpoint (c'est le cas de le dire) :

« Mes vertiges... j'associe ça à l'accouchement, et à faire l'amour. La première fois que j'ai fait l'amour, j'ai eu une certaine pensée : « C'est tellement super ! Comment ça se fait que l'on ne m'ait pas dit combien c'est merveilleux ! » De même, quand j'ai accouché : « Comment ça se fait qu'il y ait une souffrance pareille et que les médecins ne nous préviennent pas ! » Et maintenant que j'ai ces vertiges : « Comment ça se fait que jamais personne ne m'ait transmis cette sensation si étrange ? »

Elle associe longuement sur « cet espèce de truc qui vous dépasse », puis remarque les points communs à ces trois expériences : l'intensité des sensations : celle du plaisir dans l'amour, de la souffrance de l'accouchement, et de la perte de repères dans les vertiges. Mais dans les trois cas, surtout, elle a « perdu la tête » en quelque sorte, ou du moins « failli perdre » la tête, tant il lui est difficile de se laisser aller jusqu'à renoncer totalement au contrôle.

Elle revient sur son accouchement, et raconte :

« Quand j'ai accouché, j'ai dit à l'accoucheur : un lapin ou un chat, je m'en fous ! »

Puis elle se tait.

Tandis qu'elle parle, Julie a quitté son fauteuil, s'est étirée longuement puis, sans bruit, a sauté sur le divan, et s'est installée entre les jambes ouvertes de Renée qui, ce jour-là, porte un pantalon. La position de l'animal est saisissante : sur le dos, pattes en l'air et repliées, tête en direction des pieds de la jeune femme, et cou tendu en arrière. Je regarde la scène, muette, et il me semble voir un nouveau-né sorti tout droit du sexe de ma patiente. Sans doute l'a-t-elle aussi perçu confusément. Son silence est éloquent. De grosses larmes coulent de chaque côté du visage. Elle pleure en se tamponnant doucement, à petits coups de mouchoir, puis, dans un murmure :

« Ça me touche ! Ça m'émeut ! »

Elle se soulève, caresse le chat, et se tait à nouveau, toute à son émotion. Quand elle pourra parler :

« Ce qui m'émeut, dit-elle, c'est que le chat, c'est quelqu'un qui a compris mes besoins ! et il y a répondu sans que je le lui dise ! Moi, je suis toujours occupée à essayer de voir les besoins des autres ; j'attends la même chose en retour, et ça ne vient jamais ! »

Elle évoque alors le souvenir de quelques expériences de plaisirs rares, nés de cette sensation de « quelque chose qu'[elle] n'attend pas du tout et qui tout à coup se produit ». Notamment, le seul orgasme véritable qu'elle ait jamais connu.

La séance s'achève ainsi. Renée, avant de partir, caresse longuement Julie, comme pour la remercier du cadeau qu'elle vient de lui accorder.

De fait, l'émotion de Renée a pris naissance dans la surprise de cette réponse à son besoin informulé de gratuité et de tendresse. Renée, la plus jeune d'une famille nombreuse, n'a pas été désirée. Sa mère voulait avorter, puis y a renoncé, résignée. Mais Renée ne s'est pas sentie aimée. Et a passé toute son existence à conjurer cette menace de mort qu'elle a senti peser sur elle. Mais la mort a frappé : la fillette avait dix ans à peine quand son père est décédé, après de multiples alertes qui, d'année en année, manquaient de l'emporter. Renée en a gardé, inscrite en elle, l'intime conviction que les hommes sont fragiles : elle doit les protéger. Mais lorsqu'il lui a fallu donner la vie à son tour, l'image qui lui est venue est celle du lapin ou du chat : un animal au toucher doux, tout en rondeur et en chaleur, mais un animal quand même, comme si le bébé qui allait naître n'était destiné qu'à lui apporter cette réassurance que trouve l'enfant dans son nounours ou son petit animal favori. Et voici que ma chatte, prévenue par je ne sais quelle intuition, se présente au rendez-vous, à l'embouchure de son sexe, comme pour donner consistance à son vœu, et réparer cette souffrance de l'accouchement du bébé hurlant auquel elle a donné le jour si douloureusement.

A travers cette démarche imprévisible de Julie, et sa fonction réparatrice, c'est aussi et surtout ce plaisir inouï de l'inattendu qui submerge Renée. Ce qu'elle souligne, en effet, c'est que ce qui l'intéresse dans l'acte d'amour, plus que l'intensité même de l'orgasme, c'est ce cadeau de l'explosion de quelque chose qu'elle n'attendait pas, qu'elle ne connaissait pas, qui a surgi gratuitement, et qui lui a presque fait perdre la tête.

Habituellement, les repères de Renée sont : « les autres ». Elle qui a perdu son père très jeune, a dû se créer des re-pères un peu partout autour d'elle pour pouvoir subsister : les attentes des autres qu'elle s'est toujours efforcée de deviner et devancer, ont constitué ces repères. Aujourd'hui, ses vertiges sont le signe de la faillite de ces points d'ancrage extérieurs, et l'obligent à perdre cette tête qui s'est trop échauffée à vouloir tout contrôler. D'ailleurs, Renée ne s'est-elle pas montrée très ambivalente à l'égard de ces vertiges ? Elle a très peur de cette « étrangeté » que cela lui fait vivre, mais se dévoile fort excitée par la nouveauté de la sensation. De fait, avec Julie entre ses jambes, elle peut se laisser toucher par le côté agréable de cette perte de repères que l'animal lui fait vivre : elle n'est plus dans le contrôle, mais dans le laisser faire, et le laisser-aller, où elle peut enfin recevoir à son tour, et se laisser porter, la tête en arrière, à la renverse, comme le chat qui naît entre ses cuisses ouvertes. Re-née.

Fourrure féline, fourrure câline, qui vient panser les déchirures des ventres qui enfantent dans la douleur... Tu as touché Renée dans son corps. Tu l'as touchée aussi dans son cœur, jusqu'au fond le plus secret d'elle-même où prend sa source le désir et où s'origine la parole. Tu lui as fait sentir, mieux que je n'aurais pu le dire, combien dans ce lieu de l'analyse, elle pouvait être aimée, et devinée, au point de pouvoir se dire dans son véritable désir qui lui était ainsi reflété. Je me suis tue, respectueuse de ton agir, émerveillée et profondément solidaire de ce qui se vivait. Je me sentais participante, partie prenante, de cette Parole qui prenait corps, par corps de chatte interposé.

Avant de poursuivre, j'ai quand même envie d'ajouter, pour le lecteur incrédule, que la position de Julie entre les jambes de Renée, pattes en l'air repliées, tête renversée, ventre offert, est une posture familière de ma chatte, lorsqu'elle se sent en confiance. D'abord ramassée « en moine » pour l'endormissement, puis enroulée en escargot lors du sommeil profond, il n'est pas rare qu'elle se retrouve dans la position décrite, quand elle rêve sur le fauteuil, où fréquemment les patients, au sortir de la pièce, la regardent en souriant, et parfois plongent leur main dans la douce fourrure du ventre tiède. A certains, je dis parfois : « Prenez modèle ! » D'autres, envieux d'une telle capacité d'abandon, s'attardent et murmurent entre leurs dents serrées : « Si je pouvais être comme elle ! » Il m'a été rapporté que peu de chats se comportent de cette manière. Cela m'étonne. Julie n'est pas la première à venir, le soir, sur mes genoux, devant la télévision, offrir son ventre doux, des heures entières, à ma main qui, machinalement, farfouille son poil et la papouille. Sans doute ai-je gardé cette habitude acquise dans mon enfance solitaire auprès de la Moune, et mon animal familier s'est-il plié, de son plein gré, à ce besoin de tendresse dans la caresse. Julie, après bien d'autres, spontanément m'ouvre son corps, dans l'abandon et la confiance partagée ; elle offre son cou et son ventre à tripoter, à tapoter. Elle me fait cadeau de son intimité.

M'étant interrompue quelques jours dans l'écriture de ce récit, c'est avec émotion que je le reprends aujourd'hui. Car j'ai revu Renée. D'un commun accord, nous avions convenu qu'elle ne viendrait plus que de loin en loin. Je l'ai reçue hier. Elle a repris place sur le divan. Son inconscient a-t-il perçu ce qui s'écrivait à son sujet ? Toujours est-il que ce qui est venu a résonné en moi comme un commentaire de la scène racontée. Me reparlant des hommes, elle disait : « J'ai été trop bonne mère, à ne pas supporter leurs manques et à les devancer ! » Elle éprouvait à nouveau ce mal de tête à gauche — comme au temps des vertiges, pensais-je. Pendant tout ce temps de la séance, Julie, qui jusque-là avait dormi sur le fauteuil toute la matinée, est venue s'asseoir à côté de moi, derrière la tête de Renée, sur le petit caissonnage où je pose mes dossiers. Elle est restée ainsi, sage, immobile, ne bougeant ni poil ni patte. Telle un sphinx. De temps à autres, elle ronronnait. Puis se taisait. Et reprenait. On aurait dit qu'elle ponctuait les paroles de Renée.

Des mots me sont venus : « Gardienne de la Parole ». Julie, attentive, se situait cette fois de mon côté, en analyste. Plantée sur son assise, elle s'érigeait en témoin d'une parole à laquelle Renée reconnaissait son infidélité. Témoin d'une parole qui à nouveau se re-posait, se re-donnait.

Renée n'a rien remarqué.

Et maintenant que j'écris ces lignes, Julie se couche sur mon papier... je ne peux qu'observer, médusée !

***

J'ai éprouvé une émotion du même ordre qu'avec Renée, au cours de certaines scènes avec Vanessa.

Vanessa est évanescente. Elle a passé le cap de son adolescence où chaque repas était l'occasion d'une tragédie familiale. Elle a gardé, de ce temps d'anorexie, un corps frêle, vif, nerveux, une démarche aérienne. Mais les gestes brusques et saccadés trahissent une disharmonie foncière de la personne qui se cramponne — de peur de s'envoler dans les nuées de la pensée éthérée ? Ses grands yeux d'un bleu soutenu, brillent d'une intelligence aiguë, mais leur regard impérieux s'empare du vôtre et le dévore. Vanessa est sans âge. Son visage pur et beau sous les longs cheveux blonds exhale la candeur d'une petite fille pourtant inquiète : elle est comme un écureuil fragile, vite effarouché, qui de ses yeux mobiles surveille dans toutes les directions d'où peut venir le danger. Toujours sur la défensive, prête à se sauver ; prête, aussi, à mordre et à griffer, de peur d'être envahie, pénétrée, violée — par le regard froid de sa mère, qui la transperçait, par les moqueries de ses frères et sœurs qui riaient de ses frayeurs, mais aussi par tout élan intempestif d'affection ; et surtout par la nourriture qui pourrait emplir son corps et lui donner quelque rondeur. Vanessa est une toute petite fille effrayée. Mais Vanessa, pourtant, a cent ans. Elle me conte parfois, d'une voix chavirée, le poids de son passé. Pas seulement celui de son passé personnel, mais celui du passé familial, généalogique, avec tous les deuils pas faits, encryptés, tant dans la lignée paternelle que maternelle : les fausses couches, les suicides, les antécédents psychiatriques... Vanessa est pleine de la béance des ventres de mère qui pleurent le fruit perdu, et qui crient après la vie qui fuit ; et qui, quand un nouveau fruit surgit, regrettent celui qui est parti : le remplaçant devient précieux et pourtant objet de ressentiment. Vanessa pressent de quels regrets elle a été tissée dans le ventre de sa mère. Pendant longtemps, elle a mangé du RIEN, elle s'est emplie de vide, voulant systématiquement autre chose que ce qu'on lui présentait. Elle avait besoin de se remplir, puis de vomir. De s'épurer pour se débarrasser de tout ce poids de mort dont elle a été pétrie. Mais elle voudrait, aussi, autre chose, qui viendrait couper la chaîne de transmission de ce lourd héritage qui se perpétue de génération en génération. Vanessa voudrait un enfant. Et la voici prise entre l'envie et la peur, entre le désir et le refus, entre l'espoir et la désespérance : Faire un enfant, n'est-ce pas accepter d'être un nouveau maillon de la chaîne ? Ne vaudrait-il pas mieux qu'elle se sacrifie pour y mettre un terme, en renonçant à être mère ?

Car Vanessa a déjà eu un enfant. Un terrible enfant. Un enfant-monstre, qui n'avait pas forme humaine. Détecté tardivement au cours de la gestation, ce fœtus a été arraché aux entrailles qui le portaient, dans le déchirement et la douleur. Dans la culpabilité aussi, et dans la peur. Dans l'horreur.

Aujourd'hui, Vanessa me parle de sa petite voix étouffée.

Elle me raconte l'interruption thérapeutique de la grossesse déjà bien avancée, l'accouchement de cette vie qui pesait en elle comme une perle empoisonnée, qu'il fallait rejeter ; son inquiétude à l'égard de ce fruit perdu qu'elle n'aura jamais vu : aussitôt né, le bébé lui a été confisqué et toutes ses questions à ce sujet ont été éludées. C'est peu après que son compagnon l'a trahie puis abandonnée. Pour tenir le coup contre vents et marées, Vanessa s'est durcie dans la fierté. Cette dévoreuse d'hommes — c'est ainsi qu'elle-même se nomme — s'est longtemps ressentie comme une femme dangereuse, une sorcière toute-puissante, destructrice et provocante. Aujourd'hui pourtant, elle se reconnaît dans sa fragilité et sa faiblesse. Elle a jeté les armes. Elle accepte enfin de se laisser aller à la douceur de se dire : de desserrer les poings, de se laisser porter.

Aujourd'hui elle me parle de son corps. En toute simplicité. Elle me dit toutes les sensations et les visions de corps morcelé qui ont été les siennes. Elle me décrit les spasmes de ce ventre déchiré que, pendant si longtemps, elle ne supportait plus que l'on touche. Elle met en mots les cris silencieux de cette chair devenue intouchable d'avoir trop donné et qui inventait des barrières pour ne plus être approchée de trop près : collibacillose, cystite, vaginite, herpès...

Julie, comme c'est souvent le cas quand Vanessa est là, s'est couchée en rond sur le ventre blessé. Lorsque Vanessa arrive, Julie est presque toujours au rendez-vous, elle aussi. Elle grimpe sur le divan et le plus souvent, s'installe — pas très confortablement : Vanessa est étroite de bassin, et la chatte déborde largement de ce coussin de chair peu fourni. Pourtant, malgré l'incommodité des lieux, Julie semble à son aise, chez elle, sur ce giron pour lequel elle a une certaine prédilection. Vanessa en général ne dit rien. Mais tout dans son attitude montre qu'elle apprécie. Souvent ses doigts nerveux effleurent l'animal, avec légèreté. Alors Julie creuse son trou, entre les plis de l'étoffe du pantalon serré qui fait l'accordéon aux jointures des cuisses effilées. Ce jour-là, en particulier, Julie paraît avoir senti la détresse profonde de la jeune femme qui pleure et qui exprime sa douleur. Quand elle se tait, dans le silence, on n'entend plus que la chanson du ronron régulier.

Vanessa reprend son souffle. Elle me dit, dans un pauvre sourire noyé de larmes : « Ça fait du bien, cette chaleur sur le ventre ! On dirait qu'elle a senti ce que je disais et qu'elle cherche à me faire du bien. Comme pour réparer. » Je ne dis rien, souris, reconnaissante envers Julie d'avoir, l'espace d'une séance, fait contrepoids, par sa chaleur et sa présence, à ce froid de la mort évoquée et de la douleur ressentie.

A quelque temps de là, Vanessa émet, à plusieurs reprises, le désir d'être enceinte. Son ambivalence est grande. Elle ressent de plus en plus le besoin d'aller vers la vie. Les appels de son corps meurtri se font pressants. Mais, tout autant, les appréhensions et les peurs. Elle a rencontré un nouveau compagnon. Ensemble, ils s'apprivoisent, lentement à ses yeux, rapidement aux miens. J'ai parfois l'impression que ça se précipite et que tout va très vite. Et puis, un jour, Vanessa se présente à sa séance, alanguie. D'emblée, je suis frappée par son visage inhabituellement serein, au teint blafard, à l'ovale plein. Elle me dit qu'elle en a assez de jouer au jeu du chat et de la souris. (Moi, je souris en regardant Julie !) Et aussi, qu'elle a de plus en plus envie de « faire un petit ». Ce jour-là, elle me parle à nouveau de son corps, je ne sais plus comment Mais quand elle s'en va, je songe : « je parie qu'elle est enceinte ». Quelques jours plus tard, elle m'annonce un retard de règles, évoque ses seins gonflés aux aréoles brunes élargies : Elle-même se demande si en sortant d'ici, elle ne devrait pas aller faire un test de grossesse.

Le test est concluant. Vanessa est ébaubie. Ce qui l'emporte, c'est d'abord l'étonnement : Ainsi, elle n'est pas stérile ! Elle peut encore procréer, malgré ce qui lui est arrivé ! « Au fond, je suis heureuse... Mais dans l'attente ! » A nouveau, elle énumère toutes ses peurs.

Peu après elle apporte un rêve : ses seins gonflés de lait coulent par terre. Elle s'occupe de deux petits animaux à fourrure, dont un minuscule chaton. Finalement, elle allaite le chaton. La maternité est bien inscrite dans son corps. Elle en est étonnée : « Mon enfant n'est pas né, encore, et j'ai déjà du lait ! » Puis elle associe sur la chanson de Brassens : « Quand

Margot dégrafait son corsage, pour donner la gou-goutte à son chat ! ». Elle s'attarde alors sur le chat :

« Un chat, c'est un être évolué ! Autant je trouve qu'un chien, c'est bête, autant un chat me paraît presque humain ! J'ai tellement l'impression qu'il ressent la même chose que les humains ! C'est frappant ! Quand j'étais petite et que j'avais le cafard, il y avait toujours le chat qui venait ! C'était une présence instinctive et en même temps, affective ! Le chat est très consolateur ! »

Elle ajoute que le fait d'allaiter un chaton, comme dans son rêve... ou comme dans la chanson, ne la choque pas du tout : « C'est aussi le seul bébé-animal dont je me sois occupée !»

Cette fois encore, Julie était présente, sur son ventre — et machinalement, tout en parlant, ma patiente la caressait.

La grossesse s'annonce bien. Tout porte à croire qu'elle sera menée à terme. Vanessa apporte un certain nombre de rêves, parmi lesquels celui-ci : Au bord d'une mer, grosse, houleuse, belle, à côté de son compagnon, elle met au monde cinq ou six chatons. Elle n'associe pas grand-chose sur les images, sinon pour rappeler que dans son enfance, les seuls accouchements auxquels elle ait assisté étaient ceux de ses chattes.

Aujourd'hui, Vanessa est maman d'un adorable petit garçon bien braillard. Il n'a rien d'un chaton, mais il a été nourri du lait de ses seins généreux, malgré leur faible volume. Vanessa semble réconciliée avec sa féminité, et je me dis parfois que Julie n'a peut-être pas été complètement étrangère à cette évolution. Il ne peut être question de majorer le rôle de ses interventions, discrètes, d'apparence anodine. Pourtant je m'interroge :

Vanessa elle-même n'a-t-elle pas souligné dans ses propos, l'importance des chats dans sa vie ? et plus précisément, des chattes ?

J'ai été sensible d'abord à la fonction de réparation du ventre, déchiré et phantasmé comme un contenant mauvais, qu'a exercée Julie. En venant s'enrouler au creux de cette partie du corps de ma patiente, elle venait témoigner, en quelque sorte, combien il restait pourtant accueillant à la vie. En même temps que ma chatte irradiait sa chaleur, elle opérait une sorte de réassurance auprès de la jeune femme : Elle qui se prenait pour une sorcière maléfique, dangereuse et destructrice parce qu'elle avait enfanté un monstre et dévorait les hommes, recevait les faveurs de l'animal qui, parmi tant d'autres lieux possibles, avait choisi ce coussin de chair pour s'y blottir, dans la confiance et l'abandon. C'est bien cela que j'entendais dans la remarque de Vanessa en pleurs : « Elle cherche à me faire du bien. Comme pour réparer. »

Mais c'est plus encore. L'un des drames de cette anorexique qui passe son temps à se nourrir du Rien, c'est de ne pouvoir se trouver, entre le vide et le plein. J'ai souvent ressenti la présence de Julie sur son ventre, comme si celle-ci venait lester ce corps trop léger, l'ancrer dans une réalité que la jeune femme peut palper : la chair de l'animal qui pèse sur elle de tout son poids abandonné, son poil soyeux, sa chaleur qui se diffuse à l'intérieur de l'être tout entier. Mais aussi une réalité dans laquelle Vanessa peut prendre pied, elle qui s'est toujours plainte de se sentir « passer à travers », d'avoir peur de tomber, d'être un « panier percé », qui laisse tout couler. La chatte, elle, est bien campée, et le ventre l'accueille et la recueille, comme un réceptacle qui rend ma patiente plus lourde et plus étanche : Elle pèse son poids de réalité physique et psychique. Bien plus : les débordements de chair de l'animal dont la tête ou les pattes retombent de chaque côté, sont comme un prolongement du corps qui la supporte et qui ose prendre sa place sans se sentir déformé. Vanessa, à travers ce contact chaud et vivant, se réconcilie avec son enveloppe. En outre, ses rêves indiquent bien que Julie, par sa présence, n'a fait que réactiver des expériences anciennes, vécues comme apaisantes, et en rapport avec la maternité. La chatte est d'emblée, perçue comme fertile : la fillette en avait vu accoucher, et allaiter. Cela parle à son corps. Elle va se rêver nourrissant à son tour le chaton, ce fruit de l'alchimie de la rencontre vécue dans le transfert. Devenue gravide, elle peut désormais accepter que ses entrailles s'alourdissent ; elle peut être pleine, et lourde, et ronde ; et retenir la vie qui a éclos en elle. C'est encore de

« chatons » qu'elle va rêver accoucher : cinq ou six ! Elle ne lésine pas sur la quantité !

Certes, la grossesse n'a pas été toujours facile. Vanessa a eu très peur, précisément, de grossir, et son enfant ne pesait pas bien lourd à la naissance. Mais elle a donné la vie, à un petit garçon débordant d'énergie. Elle a pu le porter jusqu'au bout. Il me plaît de penser que l'animal a eu son rôle à jouer, et que par la réalité de son corps de chatte pesante, au ventre déformé, à la démarche nonchalante, elle a pu aider Vanessa à passer de l'image de la méchante sorcière destructrice et mortifère, à celle de la grande mère (mer) belle, houleuse et vivifiante, auprès de qui elle a pu elle-même donner la vie.

J'ajouterai, pour finir, que depuis la naissance de cet enfant, Vanessa continue le travail de son propre enfantement. Mais Julie ne va plus sur son ventre. A côté, oui, parfois. Mais moins souvent qu'avant. Allez savoir pourquoi !

***

Je terminerai ce récit des tendresses de Julie pour les ventres de mes patientes, par l'histoire de Nathalie.

Cette femme plantureuse, aux chairs épanouies, à l'inverse de Vanessa, est bien ancrée dans la réalité. Elle aussi, par contre, a eu maille à partir avec la nourriture. Ce n'est pas faute de s'en remplir ! Très tôt dans sa vie, elle a dû apprendre à se priver, se régimer, se gendarmer contre ce gouffre insatiable qui se creusait au fond de son estomac. Elle a mis très longtemps à comprendre de quel vide il s'agissait. Pourtant, les signes ne manquaient pas. Petite fille, sa mère et ses grand-mères ne cessaient de la pouponner, de la chouchouter. Sa mère, habile de ses mains, lui confectionnait de charmants vêtements. Nathalie, pourtant, quand elle avait le dos tourné, prenait une paire de ciseaux et les coupait en morceaux. Sa grand-mère disait qu'elle était « possédée » et qu'il fallait l'exorciser. Nathalie n'y comprenait rien. Elle ne savait pas très bien ce qui lui prenait quand cela arrivait. Elle peut seulement dire qu'elle se « sentait mal », et qu'elle riait quand on la grondait. Menacée du martinet, elle avait réclamé d'aller elle-même l'acheter.

Les femmes, médusées, y avaient renoncé. Et le père, direz-vous, vous n'en parlez pas ? Si ! on peut en parler. Les mères ne s'en privaient pas ! mais seulement pour le critiquer, lui, l'indésirable qui, lorsqu'il rentrait, le soir, ne rencontrait qu'une épaisseur de silence, un mur d'hostilité. Comment Nathalie aurait-elle pu l'aimer, cet homme dont les mères ne cessaient de se plaindre ? D'ailleurs, lorsqu'il était parti, Nathalie prenait sa place dans le lit, et se pelotonnait contre le corps de sa mère ; elles ne faisaient plus qu'un seul corps, la mère et la fille collées, accolées, fusionnées. Nathalie appréciait les rondeurs et leur chaleur. Elle savourait enfin la satiété de son estomac dénoué. Elle pouvait enfin goûter à la sensation de plénitude tant désirée. Mais il lui fallut bien quitter ce corps maternel pour se rendre à l'école. De ce jour mémorable, elle garde un souvenir horrible. Elle ne cessait de vomir, de nausée en nausée. Et cela a duré. Des mois. Des années. Nathalie avait faim, mangeait, vomissait. Les docteurs consultés prescrivaient un traitement compliqué, et qui faisait grossir. Sans doute Nathalie ne vomissait plus, mais elle prit de l'embonpoint. A l'école, les camarades se moquaient de cette fillette adipeuse, aux formes rondes et laiteuses, qui refusait obstinément de jouer au ballon et se réfugiait dans les larmes. A la maison, tout ce qui était bon à manger lui filait sous le nez : régime oblige. Les yeux pleins de convoitise, elle regardait passer les desserts variés destinés à la sœur aînée, tandis qu'elle avalait pilules et cachets.

Aujourd'hui, elle évoque tous ces ressentis si douloureux de son enfance, sa grande solitude intérieure, son immense détresse. Elle n'avait personne à qui parler : « J'aurais voulu un petit frère ou une petite sœur pour pouvoir me confier à lui ! J'avais seulement un ours ! » Comme par hasard, c'est ce moment-là que choisit Julie pour s'installer confortablement sur son ventre.

Elle prend son temps, ma chatte ! Elle commence par faire le tour du bassin large et moelleux, dans un sens, puis dans l'autre. La voici qui bascule son arrière-train et le pose au creux des jambes. Non, ce n'est pas encore ça. Elle se redresse et s'arrondit enfin en plein milieu du bas-ventre rembourré, qu'elle pianote allègrement en ronronnant.

Imperturbable, Nathalie poursuit son discours. Elle n'a rien remarqué. Pourtant, sa main, à plusieurs reprises, ponctuant ses paroles, se lève et se repose... sur la tête de l'animal qui n'en paraît nullement affecté ! D'habitude, Julie n'aime guère que l'on tapote son corps quand elle dort, et encore moins sa tête ! Une fois de plus, j'observe, un tantinet amusée, l'accord intime qui se noue sur ce divan entre la chatte et son hôte du moment. Je lui sais gré de son adaptabilité et de sa sensibilité aux besoins de mes patients. Mais je me suis trompée. Nathalie, en fin de séance, prend conscience de sa présence et me dit, de sa parole volubile :

« Je me suis sentie mal ! en évoquant tout ça ! J'avais voulu gommer toute cette partie de ma vie ! Votre chatte m'a fait du bien ! Elle est marrante cette bête ! On dirait qu'elle comprend tout ce qu'on dit ! »

D'une large caresse, elle la remercie.

Nathalie apprécie d'autant plus les attentions de Julie que son ventre si plein ne l'est pas seulement de nourriture. Il abrite aussi un énorme kyste, détecté il y a quelques mois et pour la disparition duquel la jeune femme suit un traitement hormonal... qui, d'après la médecine, risque de la faire grossir ! Si le kyste n'a pas été réduit dans un délai assez bref, il faudra l'opérer. Nathalie me l'a annoncé avec agressivité. Depuis qu'elle est en analyse, se plaint-elle, trop de choses bougent en elle. Au fait, pourquoi est-elle venue en analyse ? Elle ne sait plus très bien. Ah oui ! Elle avait des phobies. Elle n'osait plus fréquenter certains lieux : elle s'y sentait étouffer. Cela lui gâchait la vie. Depuis qu'elle s'est mariée, et qu'elle a quitté ce midi de la France où elle était née, sa mère n'a cessé de lui reprocher son absence. Elle laisse tomber ses parents qui, du coup, se sentent délaissés, abandonnés. Au cours de son analyse, Nathalie prend conscience, peu à peu, de son immense demande d'amour, à laquelle sa mère n'a jamais répondu... qu'à côté : par de la nourriture, et des préoccupations sur sa santé. Mais Nathalie ne pouvait rien garder dans son corps : elle vomissait, parce que ce dont elle avait réellement besoin, ce n'était pas d'aliments, ni de médicaments, mais de tendresse : « J'avais une demande immense d'affection, et il n'y a pas été répondu. Quand je vomissais, dit-elle, il y avait en moi un double vide : de nourriture, et d'affection ». Et elle ajoute, dans un sanglot : « Je n'existais pas autrement qu'à travers le désir de ma mère ! Elle était étouffante ! »

Le cheminement de l'analyse aide progressivement Nathalie à prendre quelque distance, pas seulemnet géographique, mais aussi psychologique, avec celle dont elle a toujours constitué « le bouche-trou » — l'expression est de ma patiente elle-même. Mais cela ne va pas sans angoisse : on ne quitte pas aussi facilement la prison dans laquelle on a toujours vécu ! Et comment exister lorsqu'on ne se sent pas aimée !

La jeune femme n'est pas dupe : ce kyste qui s'est installé au plus intime de son corps, en ce lieu où devrait éclore un enfant, lui dit quelque chose de sa propre demande, de son propre désir : Nathalie a un désir d'enfant, pour que ce vide à l'intérieur d'elle-même soit comblé par la vie. Mais en même temps, elle a tellement peur de retrouver l'angoisse d'un accouchement loin de ses parents qui, la première fois, n'ont pas daigné se déranger ! « Vous n'aviez qu'à... a dit sa mère, ne pas vous éloigner ! » Nathalie s'est sentie abandonnée. Suspendue au fil du téléphone, plus que jamais réduite à être l'objet de réassurance de sa mère occupée à combler son propre vide, elle étouffait. Son air lui était pompé !

Le kyste a pris le relais du bébé désiré. Le kyste va être un moyen de vérifier si, cette fois, les parents vont se déplacer pour assister Nathalie dans l'opération annoncée. Il faut l'entendre parler : « Ma mère a dit que, cette fois, elle viendrait. Mon père aussi ! Ma belle-mère a proposé de venir aussi ! » Elle fait le compte des têtes qui seront présentes autour de son lit... C'est pathétique.

Pendant tout ce temps, Julie vient, au fil des séances, se poser sur ce giron grassouillet. Elle, au moins, ne se fait pas prier. Elle est là, fidèle, câline, prenant ses aises. Je me dis parfois, la regardant, qu'elle semble deviner combien ce ventre a besoin d'être aimé, entouré, réchauffé. Ce ventre où pousse, comme une fleur, une boule emplie d'un liquide qui ressemble à des pleurs. Une poche de chair gonflée de crève-cœur. Nathalie parle, parle, fébrile. Julie dort, tranquille, et reçoit les caresses distraites de cette main qui ne s'aperçoit même pas de ce qu'elle dessine sur l'échine de la chatte complaisante : des cercles et des cœurs !

***

Les pleurs de Julie

Je viens d'achever la lecture de tes « cas ». J'en suis encore toute remuée. Quelle responsabilité ! Je dors tranquillement et ce faisant, je réponds aux besoins de tes patients ! Quelle merveille que l'inconscient !

Puis-je me permettre quelques remarques ? J'admire ton sens de l'observation, et tes savantes explications, interprétations et justifications de mes comportements. Mais vois-tu, la réalité est beaucoup plus simple. Je t'ai déjà raconté comment j'entrais en vibration avec le corps des personnes qui m'entourent, et percevais les émotions que je ressens si profondément dans ma propre chair. Lorsqu'il s'agit du ventre de ces femmes qui souffrent dans leurs entrailles de mère, comment veux-tu que je reste de marbre ? Je me sens à l'unisson. Ne suis-je pas femme, moi aussi ! Ne t'en déplaise...

Lorsque tu m'a présentée à tes lecteurs, tu t'es bien gardée de dire ce que tu m'as fait subir. J'étais en quelque sorte, une adolescente. Je commençais à sentir monter en moi l'appel du désir qui me poussait à sortir à la recherche d'un matou, pour lui chanter des Rrrou-miaou, le laisser me faire la cour, me donner à emplir de sa sève et en jouir. Je préparais mes plus beaux atours. Je commençais à me faire belle — bien que tu dises que je ne suis pas jolie — et je me prenais à rêver de tout cet amour à donner à des petits bébés qui nidifieraient dans les profondeurs de mon être. Je me révélais déjà femme. Je désirais être mère .Je me voyais déjà, léchant mes petits chatons qui dormiraient entre mes pattes. Je leur susurrais en imagination mes plus tendres roudoudous. Je sentais aussi mes tétons à peine formés se gonfler de lait et je les offrais à leurs petits museaux aveugles qui se bousculaient à qui mieux mieux. Je me rengorgeais d'avance, fière de mes futurs rejetons qui allaient éclore, par un merveilleux mystère, au plus intime de ma chair. C'était compter sans ton intervention cruelle, qui m'a fait redescendre sur terre.

Tu ne m'as pas laissé goûter à la maternité. Sauvagement, un beau matin de printemps, tu m'as prise et coincée au fond d'un panier. Puis transbahutée dans un lieu qui sentait l'éther et le désinfectant. Et aussi l'odeur de mes congénères. J'ai pris peur et j'étais en colère. J'ai mêlé mes gémissements aux plaintes qui s'élevaient de partout. Je t'ai appelée. Tu m'as abandonnée. Je voyais bien que tu te retenais de pleurer ! Je te criais ma détresse ! Tu n'as pas bougé. On m'a emportée sans tendresse. Et puis plus rien. On m'a piquée. J'ai sombré. Quand je me suis réveillée, j'avais des nausées et j'étais toute molle. Mon ventre était douloureux. Tu m'as de nouveau mise dans le panier, tout doucement, et tu m'as embrassée en pleurant. De retour à la maison, je n'ai plus jamais eu de rêve de chatons. Je peux encore y penser parfois, avec regret ; mais je suis à tout jamais privée de la joie de sentir mon ventre habité par la vie qui frémirait au creux de mon abri secret. Mon nid est vide, à tout jamais. Mon cœur pleure sa douleur de ne jamais connaître les douceurs de la maternité dont tu m'as privée. Pourquoi as-tu écouté ceux qui te disaient de me castrer ? Tu savais bien de quoi ils te parlaient et ce qu'ils allaient me faire ! Tu as ainsi tué en moi la flamme du désir. Tu aurais pu, au moins, me permettre d'expérimenter ce bonheur de jouir, l'espace d'une saison, des voluptés de ma féminité ! Me laisser féconder, me laisser enfanter, me laisser accoucher, puis materner ma portée ! Qu'au moins une fois dans ma vie, je sache ce que c'est que d'avoir des petits ! Vous, les hommes, vous n'avez aucun respect de la vie ! Vous marchez à l'économie ! Qu'est-ce que ça peut vous faire que les chats prolifèrent ? Je ne te demandais pas de t'occuper de les nourrir ! J'étais assez grande pour prendre mes responsabilités et leur dire de s'en aller lorsqu'ils auraient été en âge de le faire ! Je n'arrive pas à digérer ma colère.

Alors, tu comprends, lorsque les femmes, sur ton divan, souffrent au creux de leurs entrailles, dans leur chair meurtrie, dans le sang et les larmes, oui, je suis à l'unisson. J'entends résonner leurs plaintes en moi. Je connais trop leurs blessures et leur déchirure. Si je n'ai pas pu donner la vie, du moins puis-je, aujourd'hui, aider à la réparer et réconforter, par ma présence et ma chaleur et les chansons de mon ronron. Je me pose à cet endroit précis du corps où je sens que se noue la crispation de l'esprit en souffrance et je dors. Je pèse de tout mon être abandonné, lourde de cette énergie vibrante qui circule au travers de mes muscles au repos. C'est ainsi que j'apaise les angoisses et les manques, les peurs et les douleurs. Mon ventre sert enfin à quelque chose et se met au service des autres. C'est la seule manière qui me soit accessible, désormais, de contribuer à transmettre la vie. Oui, c'est bien pour cela, en effet, que je suis si pressée, souvent, d'aller travailler dans ton cabinet. Tu dis vrai.

Ainsi pour le cas de Renée. Elle évoquait des vécus qui m'étaient inconnus : les délices des sens éclaboussants d'amour, les déchirements de l'enfantement, l'insolite sensation du vertige et mieux encore, cette aventure étrange que vous appelez : « Perdre la tête ». Je suppose que cela veut dire : se laisser aller tranquillement aux mouvements de son corps et aux chavirements de son cœur. Je n'ai pas fait autre chose : j'ai cédé à l'envie d'accomplir ce qui s'inscrivait à l'intérieur de mon être : m'ouvrir et m'offrir, me donner comme un nouveau-né.

De même pour Vanessa. Tu t'étonnes de ce que je vais moins souvent qu'avant me pelotonner sur son giron... A quoi bon ? Celui-ci, actuellement, est tout occupé à pouponner le petit garçon si mignon qu'elle a enfanté. J'éprouve moins ce besoin d'aller lui faire des câlins. C'est qu'elle-même, sans doute, m'adresse moins d'appels au secours. Sa condition tant souhaitée de mère laisse son ventre au repos. Il n'est plus autant nécessaire de couver ce qui est en train de se dénouer.

Par contre, tu le vois bien, Nathalie, de sa voix claire et volubile qui n'en finit pas de se raconter, me lance des sonorités graciles que captent mes vibrisses : Je suis emplie de compassion.

Ma venue sur son corps est loin d'être fortuite. Ce n'est pas le confort de son coussin de chair qui m'attire : il s'en présente de plus spacieux et de plus rembourrés sur lesquels je ne vais jamais. Je choisis le ventre de Nathalie parce que cette jeune femme en quête d'une mère capable de lui témoigner un amour désintéressé, appelle de tout son être ce cadeau gratuit d'une présence « chat-l'heureuse » librement consentie. Voilà que je me mets à « Lacaniser », à force de vouloir tout t'expliquer !

Oui, j'aime dormir sur les ventres de tes patientes. Parfois aussi sur ceux de tes patients. Mais pour d'autres raisons. Est-ce que nous y reviendrons ?

Quoi qu'il en soit, dans tous les cas, je me sens pleine de tendresse et de compassion. Maintenant, tu en connais la raison !

Quand Julie revient de la Chasse

Hou la la ! Elle est en colère, ma petite Julie. Entre nous soit dit, je comprends son désarroi et je ne suis pas fière de moi. Je m'en veux de l'avoir privée d'expérimenter au moins une fois la maternité. C'est trop tard pour y penser.

Elle est en colère. Cela lui arrive parfois. Lorsque c'est le cas, elle a toujours de bonnes raisons. Par exemple, je l'ai dérangée plusieurs fois dans son sommeil tandis qu'elle dormait sur mes genoux, pour changer de position ; ou bien je refuse de me déranger moi-même pour lui ouvrir porte ou fenêtre alors qu'elle veut sortir ; ou encore, je la taquine et j'immobilise sa queue en réponse à son propre jeu, quand elle s'ingénie à déranger mes papiers en tapant de façon cadencée de son appendice caudal sur ma table de travail. Comme tout chat normalement constitué, Julie a horreur que l'on touche à sa queue et vous le fait rapidement savoir si vous oubliez cette règle élémentaire de respect de la condition chatière. Julie en colère est très belle à voir. Son poil courroucé s'ébouriffe soudain. Dans son œil s'allument des milliers de paillettes irisées qui vous lancent des flammes vengeresses, tandis que sa queue dessine des « S » et se gonfle pour vous faire peur. Son joli minois tout crispé de fureur devient plus étroit sous les moustaches rabattues de chaque côté des oreilles couchées en arrière. Elle gronde ! elle feule ! elle crache ! Ramassée sur elle-même, prête à jeter sa griffe acérée sur l'objet de son ressentiment, elle se veut terrifiante ! Elle est attendrissante. Pour un peu, je le ferais exprès, de la titiller ! pour le plaisir d'admirer la beauté de ma chatte déchaînée, dont le corps tout entier est comme électrisé, prêt à bondir pour décharger son agressivité. Vous le voyez, je n'ai pas peur de Julie. En réalité, je n'ai jamais vu chatte si pacifique. Ses fureurs sont de courte durée et je connais les moyens de les apaiser. Il suffit de murmurer des mots doux, de chantonner un petit coup, de ne pas avoir peur, surtout ; et d'avancer ma main, confiante, sans défense, ouverte et accueillante. Alors, l'animal se détend et s'approche de moi, baissée pour ne plus l'effaroucher. Son nez humide pousse mes doigts. Les moustaches étalées se lissent contre moi et nous faisons la paix. Il arrive aussi, lorsque je suis énervée, et violente à l'intérieur de moi, que Julie le sente et se fasse l'écho de ce trop d'énergie accumulée et concentrée, et qui n'a pas trouvé à s'employer : Julie me mord. Brusquement, comme ça, à l'occasion d'une caresse un peu trop appuyée peut-être. Cela s'est produit rarement, et n'a pas manqué de m'interroger sur ce qui se jouait. Comme si, cette fois, ce n'était plus moi qui m'amusais à provoquer sa colère : Mais elle qui, au contraire, me renvoyait à moi-même et m'invitait à exprimer ouvertement l'agressivité tapie dans mon corps tendu. J'ai remarqué que ces rares incidents survenaient généralement au terme d'une lourde journée de travail, où j'avais « encaissé » comme on dit, un certain nombre de décharges d'affects les plus variés de la part de mes patients : agressions verbales directes ou indirectes, vécus émotionnels intenses exprimés sur le divan ou en face à face. Habituellement — c'est une question d'hygiène de vie personnelle —, je m'efforce de restituer, ailleurs et sous une autre forme, ces tensions dont je suis bombardée à longueur de journée : mes consultations achevées, je m'aère, je marche, je vais chanter, je vais danser, je m'efforce de me régénérer en puisant à mon tour aux sources d'énergie dont j'ai besoin, dans mon corps et dans mon esprit. Mais il arrive parfois que je manque à cette nécessité vitale de gérer mes propres pulsions et de les élaborer dans ces activités que j'aime et qui me reconstituent. C'est dans ces occasions-là que Julie, par ses morsures inattendues et brutales, vient me rappeler à l'ordre. Son comportement est pour moi un signe que quelque chose ne va pas à l'intérieur de moi, que le flux de la vie ne s'écoule pas comme il le devrait, et qu'il est temps et même urgent, de m'abandonner à une activité qui me fera retrouver la paix, dans mon être tout entier. J'ai mis un certain temps à comprendre le message que me transmettait en miroir ma chatte. La première fois, j'ai été courroucée et je l'ai grondée : qu'est-ce qui lui prenait de m'agresser de cette manière, sans tambour ni trompette ! La deuxième fois, j'étais plus circonspecte : Ce n'est pas dans le caractère de Julie de mordre ainsi ses amis. Même s'il arrive que l'on « dévore de baisers » l'être aimé, je ne pouvais pas m'y tromper : l'attaque de l'animal n'avait rien d'amical et ce jour-là, j'avais presque pris peur ! Aussi me suis-je laissée interroger par l'incident qui m'a fait retourner la question. Non plus : « Qu'est-ce qui lui prenait ? » Mais : « Qu'est-ce que je lui avais fait ? » pour que s'éveille en elle une telle sauvagerie ? La réponse s'est inscrite aussitôt dans mon corps : cette « sauvagerie », c'était la mienne ; c'était ma propre violence qui, n'ayant pas pu se parler, ni se mettre en forme et se symboliser dans la musique ou dans la danse, réclamait ses droits à l'expression et à la libération. Merci, Julie, pour cette bonne leçon que de temps à autre, tu te charges de m'administrer.

Pour être tout à fait juste, il y a d'autres occasions encore où Julie vient me planter — mais gentiment — ses dents, dans la main ou sur le bras : lorsqu'elle a faim et que je suis restée trop longtemps sourde à ses nombreuses sollicitations. En général, elle a tout essayé : la séduction par les ronrons, les caresses le long de mes jambes, les miaulements plaintifs puis impératifs et forcenés, les allées et venues de mon poste de retranchement à la porte de la cuisine, les minauderies en tout genre... Quand sa maîtresse ne veut décidément pas comprendre, il ne lui reste plus que le recours à ce que nous pourrions appeler un « passage à l'acte » ! A défaut de pouvoir mordre sa pâtée ou ses croquettes, la demoiselle affamée se rabat sur la chair humaine ! La plupart du temps, elle obtient enfin satisfaction. Je cède, non à la peur, ni à la douleur — les morsures sont tout à fait symboliques et tiennent plutôt de la mimique —, mais à l'amusement. Conquise par les talents de comédienne de ma chatte, je consens enfin à me lever pour la récompenser de tout ce déploiement de comportements subtils pour parvenir à ses fins. Elle peut manger. Elle l'a bien gagné. Elle ne l'a « pas volé » ! D'ailleurs, contrairement aux chattes de mon enfance, celle-ci n'a jamais rien volé. Je n'ai même pas eu à la dresser. Elle n'a jamais paru intéressée par ce qui se distribuait sur la table — sur laquelle elle n'oserait pas monter ! C'est une jeune fille bien élevée ! Son appétit semble s'ouvrir, surtout l'hiver. Chaque fois qu'elle met le nez dehors, elle rentre peu de temps après dans l'urgence et dans la plainte : sans doute a-t-elle besoin de récupérer les calories dépensées au cours de quelques galipettes exécutées dans le pré tout givré ! Elle avale goulument quelques bouchées, puis, assise sur son petit derrière, lèche longuement ses coussinets — peut-être pour les réchauffer — et se débarbouille minutieusement, avec méthode, sans oublier ses oreilles ! Elle a un tout petit appétit, ma chatte ! Elle mange très peu, mais souvent. Pourtant, elle est bien rondouillette, et son poil fourni est brillant.

L'été, par contre, et même déjà à l'arrivée du printemps, Julie qui sort beaucoup et batifole sous le soleil, perd ses rondeurs et l'abondante couche de graisse qui lui donne cette démarche grave et nonchalante que j'aime tant. Elle devient une chatte maigre, presque efflanquée. Elle ne réclame pratiquement plus à manger. La première année, je m'inquiétais : elle devait être malade ! Puis très vite, j'ai compris. Elle se découvrait des mets bien plus appétissants que ceux que je lui offrais : lézards en quantité, souris, mulots, et bien sûr, les oiseaux !

Bien entendu, chaque fois qu'elle part à la chasse, Julie, comme il se doit, prend le temps de choisir sa proie. Il faut la voir, tapie des heures entières, à surveiller le gibier ! Cachée dans l'herbe, elle fait semblant de dormir. Mais elle est prête à bondir. A l'affût. Sans bouger. Seul, le frémissement imperceptible de ses moustaches témoigne de sa vigilance. Puis tout d'un coup, c'est la détente ! A la vitesse du TGV ! On dirait qu'elle va s'envoler ! Il arrive qu'elle revienne bredouille. Les battements furieux de sa queue attestent de son mécontentement. Parfois elle grommelle en marchant lentement pour revenir à son point de départ. Comme si elle faisait semblant de se promener. Dame ! on a sa fierté ! Parfois, elle a gagné. Elle prend dans la gueule sa victime, se gardant bien de serrer les dents, pour que le jeu dure plus longtemps. Car, voyez-vous, ce n'est pas tout d'attraper le gibier. Il faut savoir s'en amuser ! Sur ce point, Julie peut vous en apprendre. Elle joue à la balle avec la souris qui piaule, à moitié assommée, et qui tente de se sauver. Elle la laisse courir un instant, la rattrape et de sa patte aux griffes rentrées, lui flanque un coup sur le nez. Puis la tire par la queue et se met à jongler avec elle avec un bonheur sans pareil. Sa suprême volupté est de m'apporter son trophée, qu'elle dépose à mes pieds en me tenant de grands discours — pour me relater sans doute le détail de sa chasse à courre ! Quant à moi, je suis très partagée : Je voudrais bien féliciter ma chatte : elle se pavane et n'attend que ça. Mais je suis indignée par sa cruauté et j'ai beau me raisonner, je ne peux m'empêcher de plaindre la pauvre victime qui agonise encore. La délivrer ne sert de rien. Elle est trop mal en point. Alors je laisse faire l'instinct. Et la nature.

L'hiver fini, dès les beaux jours, je travaille la fenêtre ouverte pour inviter le soleil à pénétrer dans mon cabinet de consultations et surtout pour laisser le chant des oiseaux parler au cœur de mes patients. Julie en profite souvent pour m'apporter le produit de sa chasse, triomphalement. Elle le pose sur la moquette, s'assied devant, prend l'air indifférent, et attend. La plupart du temps, je ramasse l'oiseau, ou la souris, et les balance dans le jardin où la chatte l'a bientôt rejoint. Puis je ferme la fenêtre. En général, cela donne lieu à commentaire — si toutefois le contexte s'y prête. Car il arrive que le patient soit si absorbé par son vécu du moment qu'il ne s'aperçoit même pas de l'irruption de l'animal dans la pièce, avec sa proie, et de l'éjection de cette dernière.

Je me dois de préciser que ce genre d'incident n'est quand même pas très fréquent !

En ce matin ensoleillé du mois de mai, je reçois Véronique. Nous sommes assises toutes deux en face à face devant la fenêtre ouverte. En thérapie depuis peu, la jeune femme découvre, étonnée, qu'elle n'est peut-être pas « l'intellectuelle » qu'elle croyait. Certes, elle fonctionne beaucoup « avec sa tête », et son corps ne la préoccupe guère. Mais depuis peu, elle se souvient de ses rêves. En me les racontant, elle sent monter en elle des images d'antan : Celle de ce grand-père bourru, parlant peu, mais si proche de ses sensations. C'est lui qui lui a appris le chaud, le froid, le dur, et les merveilles de la terre. Ancien fermier, il avait été aussi tailleur de pierres. Elle le revoit dans la cuisine de la vieille maison où, petite, elle passait ses vacances : bras et jambes un peu écartés, velu comme un singe, il dégageait une force tranquille, rassurante, et pourtant un peu sauvage aussi. Elle se sent très émue par ces espèces de retrouvailles avec l'aïeul aux mains durcies et façonnées par la pierre ; elle le perçoit comme s'il était lui-même enraciné de toute éternité dans le paysage, sur la photo où il est planté et qu'elle se plaît à évoquer et contempler en pensée. Et puis elle relate à nouveau les images d'un rêve : la voici au sommet d'une échelle qui conduit à l'étage d'une grange. Tout le haut de son corps dépasse les barreaux, sans protection. Dans cette grange, grouillent toutes sortes d'animaux un peu sauvages, comme dans un zoo. Ils paraissent relativement calmes, mais pourraient s'exciter, devenir dangereux. Parmi eux, se tient un gros monsieur, en slip, une brute épaisse, grossière, graisseuse et dégoûtante, qui est là comme un garde-fou : comme si c'était lui, cet homme, qui était le garant de la bonne conduite de ces animaux à l'égard de Véronique !

Il ressort du travail d'élaboration que ma patiente a très peur de ses pulsions instinctives très primitives qu'elle pressent en elle. La psychothérapie découvre sa vulnérabilité et toute une partie d'elle-même se retrouve sans défense à l'égard de cette vie grouillante qui pourrait se réveiller, avec tout son côté sauvage et destructeur. Ce primitif engrangé, jusqu'ici bien refoulé, commence à pointer le bout de son nez. Le garant de sa bonne conduite n'est guère plus rassurant, et en tout cas, peu appétissant. Cette grosse brute épaisse se rapporte à une figure bien précise de l'histoire personnelle de la patiente ; il n'est pas opportun de s'y référer.

Mais voici qu'aux pieds de Véronique médusée et tandis qu'elle parlait et associait les images, Julie a déposé un pauvre petit rat des champs effrayé, qui couine désespérément. Selon son habitude, ma chatte grommelle d'un air content, fière d'elle, en quête d'un regard. Dès que sa proie fait mine de se sauver, sa patte dédaigneuse la ramène au port... Puis, vexée de notre indifférence, elle prend le parti de jongler avec son jouet. La voici qui saute et cabriole, puis qui virevolte gracieusement avant de planter définitivement ses dents dans le cou de la bestiole où perle un peu de sang. Julie s'apprête à se mettre à table. Je fais mine de me lever pour empoigner bourreau et victime et les faire passer de l'autre côté de la fenêtre, dans le jardin. Mais la jeune femme me retient d'un geste de la main : Elle observe avec intensité la scène. Je l'invite à verbaliser. « C'est un mulot », remarque-t-elle. Elle se dit interloquée par l'à-propos de l'incident qui illustre si parfaitement la tonalité de son rêve : nous sommes en train d'assister à la manifestation toute crue de l'animalité à l'état brut. Cet instinct qui fait tellement peur à Véronique et que son rêve l'invite à reconnaître, est comme mis en acte par la chatte dans son activité de chasse. Ma patiente a bien compris la leçon. Si elle accueille ses sensations, cela risque de faire du remue-ménage. Va-t-elle faire la sourde oreille et se voiler la face ? ou accepter d'ouvrir les yeux pour gérer ses pulsions ? Ça... c'est une autre histoire ! Mais Julie, en tout cas, aura été mêlée à l'affaire. Hasard ? Instinct ? Divination ? Mystère... Je laisse à chacun le soin de faire ses hypothèses !

L'incident suivant est encore beaucoup plus impressionnant. Nous sommes aussi au mois de mai, un ou deux ans après. Je reçois Jean-François, en analyse, sur le divan. La fenêtre est ouverte, comme à l'accoutumée. Julie n'est pas dans la pièce, mais sans doute en train de se promener. Les oiseaux pépient à tue-tête et je dois prêter une oreille très attentive pour bien entendre les paroles de mon patient. D'une voix sourde, étouffée, il me raconte son rêve de la nuit, où il est question, entre autres, d'une femme jeune, aux traits durs, qui souffre à cause de lui, et qui ne cesse de l'appeler « Ma petite fille ! » — ce qu'il refuse énergiquement, tout en ressentant la force de cette injonction. Il reçoit cette parole comme si c'était un sort qui lui était jeté, un « maléfice » peut-être. Et il associe : « Mâle est fils : Quand j'étais plus jeune, ma mère se plaignait de ce que je n'aie pas été une fille, parce que j'aurais pu l'aider ! »

De fait, sa mère lui reprochait d'être un garçon, mais en même temps, ne voyait en lui que la faiblesse de sa constitution maladive : Elle lui a souvent dit que sans l'intervention des médecins, il n'aurait jamais pu survivre à sa naissance : cela lui a tellement fait peur qu'il n'a jamais osé demander des précisions sur ce qui s'était passé. Ce qu'il en a compris et retenu, c'est qu'il était une « charge » quasi insoutenable et il a toujours peur qu'on ne puisse le « porter ». Est-ce pour cela qu'il est resté un homme petit, fluet, de santé très fragile, et toujours prêt à s'effacer ? Il me parle de cette mère autoritaire et possessive, qui exerce aujourd'hui encore, un ascendant terrible sur lui. Elle l'empêchait de sortir avec ses amis pour le retenir auprès d'elle. Il a vécu — tout comme son père et son grand-père — dans un monde où c'étaient les femmes qui avaient le pouvoir : sa mère, mais aussi sa grand-mère, sa grand-tante...

« Combien de fois je me suis dit : il aurait fallu briser ces liens très jeune, pour pouvoir être moi-même. Ces liens, si ça se trouve, je les ai encore ! Je me dis que si je les casse, ça va faire mal à ma mère ! Ça me rend enragé ! »

Pour tenter de s'échapper, Jean-François me précise qu'il a mis des kilomètres entre sa mère et lui. Mais il retourne souvent la voir, et alors il fait des crises d'asthme. Comme si sa mère lui pompait l'air : « ma mère est écrasante ! » Il en est étouffé. Je l'écoute et je ressens, jusque dans mon corps, la menace de cette mère accaparante.

Julie entre, discrètement, tenant entre ses dents un petit oiseau tendre à moitié assommé. Elle le dépose à mes pieds. Et me contemple, innocemment. Je n'y prête guère attention. Ce que me dit mon patient est bien plus important !

« Du coup, poursuit celui-ci, je pense à ma grand-mère, la mère de mon père. Elles s'entendaient bien toutes les deux ! C'était quelqu'un de très fort, très rigoureux. Je sentais cette force dans sa voix...»

Julie, à mes pieds, commence à s'exciter. Je voudrais me lever, prendre l'oiseau et le jeter dehors : la chatte le suivrait, nous serions débarrassés. Mais j'ai peur de déranger Jean-

François qui, tout absorbé par ses pensées, n'a rien remarqué. Je décide de ne pas bouger.

« Une fois, dit-il, on m'a demandé de faire quelque chose. Je rechignais. J'avais 18-20 ans. Ma grand-mère m'a dit : " Vas-y, mon Jésus ! " Ça a été très dur, mais je n'ai pas refusé son appellation. J'ai été très touché dans ma jeunesse par l'histoire de Jésus ! Il y a là quelque chose d'admirable ! »

Je songe à Jésus, ce fils héroïque entre tous, celui qui a sacrifié sa vie... Jean-François accepte, tacitement, d'être offert en holocauste à ces mères qui régissent sa vie.

Julie joue avec son oiseau. Elle le fait sauter, sans bruit, sur la moquette. Un coup de patte par-ci, un coup de dent par-là. Elle exécute une véritable danse en cadence, et qui, en d'autres circonstances, m'aurait beaucoup intéressée ! Pour l'heure, je me sens mal à l'aise, et décontenancée. La cruauté de l'animal me paraît d'autant plus odieuse que je ne peux, bien sûr, m'empêcher d'établir un parallèle entre ce jouet vivant qui est lancé en l'air et rattrapé, poussé, tiré, déchiqueté, et mon patient lui-même, manipulé par ces femmes et laminé dans son identité. Mais lui, comme sourd aux bruits mats des corps qui s'agitent auprès de lui, poursuit :

« Une fois, ma tante m'a dit : « Grand-mère t'aimait beaucoup ! » Ça m'a fait un petit frisson de crainte ! »

Moi j'ai un gros frisson d'horreur. Julie est en train de passer de la phase du jeu, à la phase finale de la dévoration. Elle a entrepris de déguster son mets favori, de bon appétit. On entend distinctement la carcasse qui se disloque, et les os craquer sous la dent. Ce bruit atroce me paraît emplir tout l'espace. J'ai un peu le sentiment que c'est Jean-François qui y passe !

Celui-ci continue, imperturbablement :

« J'ai peu connu mon grand-père. Dans ma famille, on cachait la mort des gens. Un jour, je ne l'ai plus vu... Il ne s'entendait pas bien avec ma grand-mère : il apparaissait, disparaissait, s'en allait, revenait, comme quelqu'un de très fantasque... Moi aussi, parfois, il me prend l'envie de m'en aller... »

Je suis glacée. Cette mort évoquée, la voici agie, concrétisée : de l'oiseau blessé, il ne reste plus, maintenant, qu'un petit duvet de plumes, et trois gouttes de sang qui tachent la moquette. Julie se lèche les babines d'un air gourmand et fait sa toilette.

Je suis atterrée. J'ai envie de hurler. De me révolter contre ces mères dévorantes capables de vous trucider un pauvre innocent en si peu de temps ! Mais je suis en colère, aussi, contre ces victimes consentantes qui prêtent le flanc pour qu'on suce leur sang ! J'en veux à cet oiseau et je me surprends à l'apostropher intérieurement : « qu'as-tu fait de tes ailes ! » Tu ne pouvais pas t'envoler au nez de celle qui te poursuivait ! Qu'est-ce qui t'a pris de te mettre à la portée de Julie ! Tu le savais bien, qu'elle allait t'attraper ! Pourquoi es-tu resté à la narguer ! Et ton bec ! Tu ne pouvais pas lui asséner des coups de ton petit bec dur et pointu ! On dirait que tu l'as voulu ! Et maintenant, tu n'es plus ! »

Je relègue tout cela au fond de moi, me promettant d'y revenir plus tard. Pour l'instant, je suis toute à mon patient. La séance s'achève. Le voici assis sur le divan, immobile, prenant, comme chaque fois, quelques secondes de silence pour se remettre dans l'atmosphère ambiante. Je ne me sens pas le droit de le laisser repartir sans que quelque chose soit verbalisé de ce qui vient de se passer. Julie, assise devant lui, le contemple d'un air satisfait, de l'air de quelqu'un qui a bien travaillé... J'interroge Jean-François : N'a-t-il rien remarqué ? Il sourit, se recueille, et me dit :

« Si ! Je crois que votre chat a joué à côté de moi ! Il avait dû attraper une proie ! »

Je ne peux pas cacher la réalité : la proie a été dévorée :

« Je m'en doutais ! », dit-il.

Mais il ne paraît pas en être affecté. Et il s'en va.

A la séance suivante, à peine installé sur le divan il reprend :

« Ce qui me reste bien vivant, c'est ce qui s'est passé la dernière fois. J'avais vu le chat, et l'oiseau. J'ai VU cette danse qui, sur le moment, m'a effrayé, en ce sens que je la trouvais exagérée. Ce qui m'effrayait, c'était la proximité d'une telle ivresse ! Du coup, ensuite, j'ai regretté de ne pas avoir regardé ! Par contre, j'ai bien entendu le chat croquer... Ce moment-là, c'était pour moi comme la manifestation d'un dieu : Dionysos. J'ai essayé de lire un peu qui était Dionysos ! »

Je suis surprise. Jean-François m'avait semblé ne pas avoir perçu la scène qui s'était déroulée à côté de lui. Je m'aperçois qu'il n'en a pas perdu une miette et qu'il a bien compris de quoi il s'agissait. Même s'il n'en avait rien manifesté. Cette danse du chat qui m'a tant horrifiée, paraît l'avoir impressionné dans un tout autre sens que celui auquel je m'attendais : C'est la puissance du Chat-Dieu enivré par la danse dionysiaque qu'il a privilégiée. Sans doute est-ce « effrayant », mais beaucoup plus supportable que d'être assimilé à l'oiseau dévoré. Quoique... Qui sait ?

Il poursuit, de sa voix étouffée :

« J'aurais pu mieux regarder. Je me disais que je pouvais être aussi bien du côté de l'oiseau que du côté du chat. Au départ, je me voyais plutôt du côté de l'oiseau. Mais quand je parle de cette grande possessivité qui est la mienne, je me vois plutôt du côté du chat, avec ces grandes manifestations possessives que je peux avoir ! »

Sans aucun doute, l'incident l'a secoué, mais pas du tout comme je l'avais imaginé. Il revient sur son regret :

« Je m'en veux beaucoup de ne pas avoir regardé cette danse du chat qui était splendide... »

Puis il me raconte son week-end : invité au mariage d'un petit cousin, il a eu l'occasion de voir danser, et de danser lui aussi. Et même, avec la mariée ! Il associe :

« J'ai eu l'occasion de voir un film vidéo. Je m'y suis vu en train de danser, mais pas dans les valses où j'aurais tant aimé me voir. Je me suis vu surtout en train de marcher, de parler. Je ne me reconnais pas du premier coup. Je trouve ma tête trop forte et mon corps trop gracile ; il y a chez moi une constante valse-hésitation entre le masque, vraiment très enjoué, et cette perpétuelle question : « Que vont dire les autres qui me regardent ? » Du coup, ça me fige à nouveau ! »

Il regrette de ne pas être comme le chat, du côté des puissants, de ceux qui sont à l'aise dans leur corps, et qui dansent, et qui se donnent le droit de jouer, délaissant leur rigidité, pour se laisser aller à leur spontanéité. Comme, par exemple, sa mère qui a beaucoup dansé, avec un cousin : « ils dansaient même très bien ! »

Lui, par contre, s'est contenté de regarder, de loin, cette cousine très belle, restée un peu à l'écart et mal à l'aise : « Je la ressentais comme très seule, un peu isolée. Je me suis senti comme elle. Ça m'a gêné, cette trop grande proximité ! Comme s'il ne fallait pas être trop proche de ma cousine ! C'est très archaïque cette voix qui me dit ça ! C'est une interdiction ! »... Cette voix de la Mère est encore là pour se l'accaparer !

La cousine interdite lui rappelle tellement celle qui, depuis quelque temps, est l'objet de ses pensées : « Elle lui ressemble un peu. Mais elle ne me fait pas du tout le même effet : Elle est très attirante, mais très effrayante aussi. Elle me fait penser au chat : une croqueuse d'hommes ! »

Ça y est. Le mot est lâché. La chatte est enfin identifiée, reconnue pour ce qu'elle est : une croqueuse de vie, qui se nourrit de ses victimes après en avoir bien joui. Jean-François, un instant, s'est mis du côté du « chat », qui s'approprie les êtres et les dévore après avoir dansé avec et s'être enivré de leur conquête. Mais cela, c'est son imaginaire. La réalité lui renvoie qu'il ne fait pas le poids. Il n'est pas tout-puissant. Sa colère en atteste.

Cette colère, d'ailleurs, rejoint la mienne, celle que j'avais éprouvée en apostrophant l'oiseau : « C'est comme si je me piégeais », me dit-il. « Au moment où je pourrais la rencontrer (la femme de ses rêves), je me fais des crocs en jambe, rapidement. Je ressens qu'au moment crucial, je suis passif, je ne bouge plus. Alors qu'il serait si simple de parler ! C'est assez atroce de me dire que j'aurais pu y arriver, et que je me suis dépatouillé pour y échapper ! » Fasciné, hypnotisé par celle qu'il a qualifiée de « croqueuse d'hommes », Jean-François, comme l'oiseau, a renoncé à lutter pour s'affirmer dans sa virilité. Il se laisse dévorer par les phantasmes de son imaginaire où une grande Mère archaïque et mortifère appelle le sacrifice des fils héroïques et les démantèle avant de les engloutir. Mais il le paye chèrement et il s'est trouvé que Julie a mis en scène, sous ses yeux, dans un condensé remarquable, ce qu'il en coûte à ceux qui renoncent à se servir de leurs ailes pour prendre leur envol loin des griffes acérées des chattes qui veulent se les incorporer !

L'événement m'a bousculée presque autant que mon patient. Comment ne pas prendre parti, intérieurement, dans cet affrontement — bien inégal — entre la chatte chasseresse et l'oiseau pris et démuni devant ce monstre qui doit lui paraître si grand et réellement tout-puissant ! Je suis renvoyée à mes propres monstres intérieurs, pas seulement par les dires de mon patient, mais aussi et surtout, peut-être, par cette mise en actes de phantasmes très archaïques présents dans les profondeurs de notre être et réactivés à l'occasion de cette scène évocatrice des Bacchanales, ces fêtes où Dionysos invitait les femmes à s'enivrer dans un délire mystique et les frappait de folie au point que, dans leur égarement, elles allaient jusqu'à dévorer leurs tout petits enfants ! La pulsion agressive s'est étalée là, sous nos yeux, dans sa nudité et sa brutalité. Dans sa simplicité aussi, avec des allures de fête. Comme Jean-François, j'ai pu me sentir du côté de l'oiseau, pauvre victime malmenée, déchiquetée et pour finir, dévorée ; mais je dois bien le reconnaître, je me suis, aussi, identifiée à la chatte dans ce qu'elle a réveillé en moi de la puissance de l'instinct, qui se dénoue et se déroule dans l'innocente jouissance d'une spontanéité dénuée de toute culpabilité. Moi aussi j'ai été effrayée par cette danse pleine de beauté. Moi aussi, comme mon patient, je l'ai enviée. L'un et l'autre peut-être y avons-nous retrouvé la voracité sauvage des premiers hommes qui se nourrissaient sans façon de la chair crue du produit de leur chasse, et qui célébraient la vie au cœur même de la dévoration. Il y a bien de quoi avoir des frissons.

Pour être tout à fait sincère, je me dois d'ajouter... ce qui vient de m'arriver ! Alors que j'écrivais ce qui précède, ma main, un instant, s'est égarée, et, toute seule, a couché ces mots sur le papier : « scène originaire ».

C'était donc cela, je la reconnais, cette angoisse, qui me prenait aux entrailles tandis que j'assistais aux ébats de Julie dansant avec sa proie à côté du divan ! Une danse nuptiale, et des noces de sang ! Jean-François avait raison. Ma chatte était un chat et nous mettait en scène la violence du mâle agressant la femelle, se repaissant de sa chair jusqu'à satiété, avec une jubilation sans pareille ; la torturant avant de se l'incorporer, puis se débarbouillant d'un air satisfait, la scène terminée — victime consommée — Oui, nous étions en pleine représentation d'une mise en « scène primitive ». Celle que Jean-François regrette tellement de ne pas avoir regardée mieux alors qu'elle se déroulait sous ses yeux. Il n'en a perçu que les bruits, et de vagues mouvements à côté de lui, qui le laissaient imaginer ce qui pouvait se passer — tout comme le petit enfant qui, de son lit, entend les ébats amoureux de ses parents, la nuit, et phantasme que son père violente sa mère : En lui, la curiosité se mêle à la peur, et l'angoisse à la jouissance. Il peut s'identifier soit au père, soit à la mère... ou tour à tour à l'un, puis à l'autre.

C'est bien ce qu'a fait Jean-François, s'imaginant d'abord à la place de l'oiseau, puis préférant celle du chat, plus gratifiante pour sa virilité.

A la différence de mon patient, j'ai assisté visuellement au combat. Paralysée par le caractère quasi sacré de ce qui se vivait, je n'ai pas réussi, dans les faits, à m'immiscer entre les deux partenaires. Mais ma colère contre le chat témoigne assez, je crois, de l'option que j'ai prise. Je suis femme, après tout ! Pourquoi le renier ! Et puis, en définitive, chatte-chat emmêlés, les parents combinés, pourquoi les dissocier ?

En tout cas, ce qui s'est passé n'a pas manqué de m'interroger sur ce qui a pu se jouer dans la relation transférentielle chez mon patient par rapport à ce lieu de l'analyse. Celui-ci est conçu, de façon classique, pour être le plus neutre possible, de telle sorte que chacun puisse y projeter indifféremment tous ses phantasmes, sans que le cadre s'y oppose, ni ne les induise. Et aucun passage à l'acte n'est permis. Pourtant, voici que dans ce lieu précis, ma chatte, par sa présence ô combien vivante, venait d'agir directement, et sans ménagements, quelque chose d'une violence inouïe, qui faisait irruption dans la séance, sous les yeux du patient, et s'imposait à lui. Je suis bien consciente du problème posé. Et j'entends déjà les critiques indignées de mes confrères de stricte orthodoxie. Je me suis demandé si je devais continuer à admettre Julie dans mon cabinet, et la laisser interférer de cette manière dans le cours des séances. Certains diront : « A tort et à travers ! » Tout bien réfléchi, je persévère, car c'est précisément loin d'être « à tort et à travers ». Une fois de plus, je suis frappée par l'à-propos du comportement de l'animal, qui est venu mettre en actes, dans son corps et celui de l'oiseau, ce qui se parlait, directement et indirectement. Après tout, c'est la vie qui s'inscrit dans les faits et gestes de Julie et tout ce qu'ils charrient d'énergie. Chaque fois, il me semble que ma chatte sent et réagit selon un code de signaux qui m'échappent en partie, mais qui la relient à ce qui se dit sans forcément être compris par le patient lui-même. L'important n'est-il pas que cela soit verbalisé ? et que soit élaboré ce que cela donne à vivre et à penser ? De même que je suis petite ou grande, brune ou blonde, laide ou jolie, bien faite de ma personne ou handicapée, qu'il y a des plantes vertes et des fleurs dans mon cabinet, une tapisserie ou des tableaux de maître, de même ma chatte fait partie de mon environnement, est intégrée au paysage, et peut être le support des projections de mes patients. Mais elle est un support vivant, me direz-vous ! Et cela change tout ! Sans doute. A mes yeux ce n'est pas un inconvénient : soit le patient est prêt à travailler sur ce qui vient de se passer — et je suis là pour y veiller — la présence de l'animal est alors une occasion saisie au vol pour s'y livrer — soit au contraire, le sujet est occupé ailleurs, ou pas mûr pour aborder l'événement produit par la chatte, alors, il n'y fait pas attention. Le comportement de Julie a beau être significatif à mes yeux, je peux, dans ce cas, le garder par devers moi, si je juge inopportun de le communiquer à mon client, en fonction de son évolution du moment.

Et puis... inutile de chercher plus loin. Je suis une amoureuse des chattes et j'en ai besoin. Le félin fait partie de ma vie et toutes les justifications rationnelles ne pourront me faire changer d'avis. Au diable, la théorie ! Chez moi comme ailleurs, le passage à l'acte est interdit. Mes patients se plient à la règle. Moi aussi. Julie, quant à elle, n'est pas soumise à l'interdit. L'expérience me montre que les mises en actes auxquelles elle s'adonne sont en général source de travail et d'élaboration pour mes patients. C'est cela seul qui m'importe.

Pour en terminer avec cette question, et comme pour répondre à l'objection, un exemple m'a été apporté encore ce matin, de l'interaction qui peut se produire entre ma chatte et mes patients au niveau d'une mise en œuvre de l'instinct, et de la parole qui peut en sortir.

A l'arrivée de Marc pour sa séance, Julie trône sur le divan. Elle s'était précipitée sur l'emplacement de la tête du patient précédent, et triture avec une délectation ronronnante le creux tout chaud qui se dessine au bas de l'oreiller. Marc entre, sourit, et bougonne amicalement : « Tu es là, toi ! », puis des mots incompréhensibles entre ses dents. Sa main rude caresse la chatte qu'il pousse légèrement sur le côté pour prendre sa place. Je le sens plein d'une énergie violente, pas vraiment agressive, mais un brin sauvage, indifférenciée, qui a besoin de s'exprimer. Julie, un peu écartée par le corps massif de l'homme qui vient de se coucher, est très proche de lui. Les quatre fers en l'air, elle offre son ventre tendre à la poigne velue qui farfouille son poil peu abondant à cet endroit. Mais sans doute le contact est-il un peu brutal ; la chatte, soudain, prend peur et s'en va, comme effarée par ce trop-plein de vie qui se déverse sur elle. Marc est déçu et reste un moment immobile, mains croisées sous la nuque. Julie contourne le divan, et va lécher les semelles de mon patient dont les pieds dépassent légèrement : que hume-t-elle ainsi ? Marc habite à la campagne et je me dis que ses chaussures doivent fleurer bon l'odeur de la terre. Elle n'en finit pas de renifler à petits coups les souliers humides puis, n'y tenant plus, elle remonte sur le divan, et poursuit son travail de repérage au bas du pantalon ; elle sent visiblement quelque chose de captivant et qui retient toute son attention ! Ça a l'air de lui plaire au point qu'à nouveau, elle vient s'enrouler tout au creux de l'aisselle de Marc dont les bras sont toujours relevés derrière la tête. Il est touché, Marc, par ce retour de l'animal tout près de lui ! Il reprend le dialogue avec elle, et marmonne : « Alors, tu reviens ! Mmm ! Brave bête ! Mmm ! » Une main se détache et vient peser massivement sur le corps de Julie, la décoiffe, lui dévisse la tête avec une sensualité pleine de tendresse. Sa brusquerie ne semble plus faire peur à Julie. Celle-ci paraît en connivence avec lui. Quelque chose de vivant et d'animal se dégage de ces deux êtres en harmonie. Alors Marc se met à parler :

« En moi, je ressens comme une poussée : un mélange d'agressivité, mais pas dirigé contre quelqu'un. Un besoin de m'affirmer. Est-ce cela le Désir ? Quand je suis en phase avec, je suis bien. Quand ça disparaît, je suis perdu (...) j'ai envie de m'adresser au Créateur : « Je ne comprends rien du tout à tout ce que tu as créé ! » J'ai envie de créer ! J'ai besoin de bouffer la terre ! et la lumière ! Quand j'étais petit, j'avais cette force de vie ! Ça me donne l'envie de hurler ! »

Tout en parlant, il patouille le corps de Julie qui se trémousse de plaisir. Et je songe : à chacun son tour de communiquer la vie. Tantôt c'est Julie dont la force de l'instinct explose et s'irradie tout alentour ; tantôt ce sont mes patients eux-mêmes qui sont porteurs de cette énergie débordante qui réveille en écho celle de la chatte. Le corps à corps qui se joue entre eux n'empêche pas les mots de se former, ni le sens de se dévoiler. L'avidité de Marc qui veut bouffer la vie n'est pas sans rappeler celle de Julie dévorant l'oiseau. Chez l'un et l'autre j'entends chanter la vie...

Carnets intimes de Julie

Décidément... mes retours de chasse font du profit à ma maîtresse et à ses patients ! Mais avant d'en reparler, il me faudrait régler quelques comptes avec elle.

Ainsi, cela l'amuse de me mettre en colère ! Je vois qu'elle ne me prend guère au sérieux. Pour dire la vérité, il arrive que moi aussi j'y trouve du plaisir. Je simule l'irritation, mais je joue comme une petite folle : laquelle est la plus excitée de nous deux ? Elle croit me taquiner en touchant à ma queue. C'est pour elle que je la transforme en point d'interrogation, puis d'exclamation, avant de battre le sol d'un air belliqueux. Mais elle n'a jamais rien compris au langage de ma queue ! Est-ce donc si subtil ? Elle s'imagine toujours que la vigueur de ma couette qui frappe le sol en cadence est le signe incontestable d'un mécontentement important. Elle se trompe complètement. Il arrive que ce ne soit que de l'amusement ! Il se peut aussi que je sois en harmonie avec le chant du vent dans les arbres, et j'en rythme la mélodie dans une danse intérieure dont le bout de ma queue n'est qu'une petite manifestation. Et puis il y a tous ces moments bénis où je la taquine moi aussi ! Elle voudrait écrire tranquille ? Je vais me coucher sur sa feuille et de mon air le plus innocent, je soulève imperceptiblement, puis beaucoup plus franchement, le papier précieux qu'elle ne quitte pas des yeux ! C'est le seul moyen que j'aie pu trouver pour qu'elle prête attention à moi et daigne s'occuper un peu de ma personne. Mon manège finit toujours par l'amuser. Mais il y a des rites à respecter : Elle commence par tirer son papier vers elle, puis pose sa main sur ma queue. En vain. Celle-ci lui file entre les doigts, comme une anguille ! Elle se laisse surprendre à chaque fois. Je suis vive ! Et quand je le veux, je concentre toute mon énergie dans ma queue. On ne l'attrape pas si facilement ! C'est alors qu'elle donne de la voix : « Julie ! Tu es sotte ! Si tu continues, je vais me fâcher ! » Se fâcher ! Elle ! Elle est bien trop contente que je vienne la distraire de ces dossiers où elle fourre son nez d'un air très absorbé, au point d'en oublier de respirer ! Heureusement que je suis là pour l'en extraire ! Donc, elle fait semblant de me gronder. Je sais bien que ce n'est pas sérieux. Je continue de plus belle : C'est une véritable sarabande qu'exécute, à côté de moi, cet espèce de serpent annelé qu'on appelle ma queue. Mais moi je suis innocente ! Je ne bouge pas. Je plonge un regard chaviré d'amour dans celui de ma maîtresse et je lui signifie ainsi ma soumission totale et respectueuse. Elle ne l'entend pas de cette oreille ! En réalité, elle est ravie de cette accalmie après la tempête qui chauffait dans sa tête. Mais elle refuse d'en convenir. Alors je continue mon petit jeu. Elle proteste encore : « Julie, tu arrêtes ! » Arrêter quoi ? Je suis sage, moi ! C'est plus fort que moi ! J'ai remarqué que les humains ont souvent recours à ces mots-là quand ils sont de mauvaise foi. Et dans ces moments-là, je me sens la championne de la mauvaise foi ! Pourquoi pas ? Nous ne sommes dupes ni elle, ni moi ! Pour finir, je lui fais les yeux doux et lui offre mon cou : elle ne peut résister. Ses doigts affectueux viennent me gratouiller sous le menton. Je lui chante le plus beau des ronrons. Parfois, elle se reprend : « Bon. Maintenant, j'ai du travail. Laisse-moi tranquille. Pousse tes rondeurs ailleurs. » Je suis très vexée. Je m'en vais d'un air offensé. D'autres fois, elle se contente de me déplacer, plus ou moins gentiment selon son humeur... et se remet à son labeur.

Dans l'ensemble, ma maîtresse est bien trop sérieuse. Elle a parfois du mal à saisir l'humour ou la fantaisie de mes comportements. Heureusement que je parviens de temps à autre à la dévergonder ! Mais pas assez souvent. Il faudra que je multiplie ces moments où nous jouons à cache-cache — rarement dans l'appartement : je suis sensible au bruit des pas sur le plancher et j'ai peur. Il lui arrive de s'amuser de mes frayeurs. Ce n'est pas très gentil. Enfin... chacun a ses fragilités. Elle a bien montré les siennes. Il me faut reconnaître les miennes. Je ferme la parenthèse — J'adore jouer à cache-cache avec elle. Certes, le jardin est petit, et pauvre en cachettes ! Là n'est pas l'important. L'essentiel est de JOUER A se faire peur. Ça lui prend de temps en temps, de préférence au printemps, quand l'herbe recommence à verdir et que poussent des petites fleurs de toutes les couleurs. Tout d'un coup, elle se met à courir, comme ça, dans tous les sens. Et aussi à danser, les deux bras écartés, les yeux levés vers le ciel, un sourire entrouvrant ses lèvres, tandis qu'elle tournoie sur elle-même, chantonnant une ritournelle. C'est alors qu'elle m'aperçoit et fonce sur moi. Elle me poursuit. Et vocifère. J'esquive. Elle n'a pas l'air, mais elle court vite ! D'un bond, je me réfugie sur le tronc de l'érable, juste au-dessus de son nez. Et je la nargue. Trop petite, mon amie ! Tu ne peux m'attraper ! Je redescends d'un cran, histoire de m'amuser. Elle tend la main. Vlan ! Un coup de patte ! Me voilà repartie, hors d'atteinte. Maintenant, c'est moi qui cours et saute à travers la prairie. Je la sens gagner du terrain. Mon honneur est en jeu. Je dois remporter la partie. A moins que... Je change de stratégie :

Me voici tapie, le nez dans les pâquerettes, cachée derrière une touffe de violettes ; je suis sûre qu'elle ne me voit pas ! Je ne bouge pas. Elle s'avance à petits pas ; s'imagine-t-elle invisible ? C'est risible ! Pour qui se prend-elle ? La voilà qui s'accroupit, elle aussi. Je bondis sur elle. Et m'écarte au dernier moment. Elle a eu peur ; ne s'y attendait pas. Nous repartons comme des folles, l'une poursuivant l'autre, puis se faisant poursuivante à son tour. Cela se termine invariablement de méchante façon : Je me cache à nouveau sur l'érable, au carrefour des branches naissantes, et je l'attends. Elle risque une avancée. Que n'ai-je la patte gantée ! Emportée par le plaisir du jeu, j'ai oublié de faire patte de velours. Mes griffes ont lacéré le dessus de la paume. Je l'ai griffée. Elle est très en colère. Je ne l'ai pas fait exprès ! Ça aussi, les hommes le disent souvent, quand ils sont dans leur tort... Que faire ? Elle s'éloigne, peinée. Je m'en vais, piteuse. Je ne reviendrai que bien plus tard. J'ai intérêt à me faire oublier. Quelquefois elle reste là, à me sermonner, léchant sa plaie, furieuse. Le ton de sa voix allume la colère en moi : Est-ce de ma faute, après tout, si sa peau est aussi fragile ? Et puis, quel besoin avait-elle de réveiller en moi l'instinct dans sa violence excessive ! Car voici que je ne me contrôle plus : sous ses paroles courroucées, je me mets à gronder, à souffler, ma queue se gonfle comme un panache destiné à lui faire peur. C'est ma façon de l'invectiver. L'une et l'autre sommes effarouchées. Cette fois, l'incident s'est mal terminé ! Heureusement il n'en est pas toujours ainsi. Le plus souvent, la soi-disant griffure n'est qu'une égratignure. Demain il n'y paraîtra plus. Nous reprendrons notre course effrénée, oublieuses du différend qui nous a opposées un moment. Sans rancune. Je me ferai plus chatoyante sous la lumière du soir qui descend, pour l'aider à exorciser tous les monstres qui pèsent en elle, à force d'écouter ses patients et d'engranger dans son corps les tensions et les nœuds déchirants qui se sont tissés au long de la journée. C'est ma façon à moi de continuer à l'aider, de lui permettre de récupérer l'énergie qu'elle a donnée à ceux qui sont venus se chercher, l'espace d'une heure, dans son cabinet. Tandis que nous jouons ainsi, elle n'est plus qu'une gamine. Elle a laissé de côté ses soucis, sa « dignité », son air calme et posé. Elle rit. Aux éclats. Elle crie, elle fait le pitre. Personne n'est là pour la regarder et la juger. S'ils la voyaient, ses doctes collègues la croiraient un peu timbrée. Moi, je l'en aime doublement, car elle est redevenue enfant. Elle garde cet émerveillement de la petite fille qui s'ébat joyeusement et qui savoure le plaisir pur de son corps en mouvement au contact de la nature et de ses éléments. Elle dit que je la mords sauvagement, parfois, quand elle se sent violente à l'intérieur d'elle-même et qu'elle oublie cette précaution élémentaire d'exprimer, pour les élaborer, les tensions de ses profondeurs. C'est vrai. Là encore, je participe, à ma manière, à la bonne marche de son travail. J'ai noté, avec satisfaction, qu'elle l'a bien compris ainsi, d'ailleurs. Nous formons une sacrée paire, toutes les deux ! Point n'est besoin de mots pour nous parler l'une à l'autre !

Par contre, je trouve que ma maîtresse ne s'est guère intéressée, au cours de son récit, à tout ce qui concerne la façon dont je suis nourrie. Je ne suis point satisfaite, quant à moi, du régime qu'elle me fait subir. Elle s'imagine que j'aime la variété : Elle n'arrête pas de changer la marque de mes pâtées ! Mes réactions sont pourtant explicites. Je ne consens à manger que le contenu de cette boîte verte que je reconnais bien, même si je ne sais pas lire. Me prend-elle pour une imbécile ? Elle essaye, périodiquement, de me faire absorber toutes sortes d'ingrédients destinés soi-disant à améliorer mon état ! Elle ferait mieux de veiller à m'octroyer de petites rations de mon mets préféré ! Je mange très peu, mais souvent — je ne fais, en cela, que copier son comportement ! Est-ce donc si difficile de ne mettre dans ma coupe que ce dont j'ai besoin ? Le plus souvent je boude devant mon assiette parce qu'elle ne contient que les restes du repas précédent, qui se sont défraîchis à l'air ambiant. J'ai besoin d'aliments sains et d'une eau pure. Il me faudra le lui redire. J'ai horreur du changement. Elle le sait bien, pourtant !

Heureusement que je peux compenser par la chasse. Sur ce sujet, par contre, je me demande s'il sera opportun de lui faire part de tout ce qui m'a traversé l'esprit en lisant son récit. Elle paraît terriblement impressionnée par mes exploits. Je n'ose pas lui dire comment je les vis, ni quelle jouissance cela déchaîne en moi. Car, si j'ai bien compris, elle voudrait que je sois contrite de déployer ce qu'elle ressent comme de la cruauté, lorsque je m'amuse à faire sauter les bestioles que j'ai attrapées avant de les dévorer toutes crues ! On dirait que cela lui fait peur ! C'est vrai, je dois le dire, je retrouve, à travers ces activités, toute la sauvagerie de mes ancêtres que certains de mes congénères, nés dans les contrées inhabitées où nulle bonne âme ne les prend en pitié, sont bien obligés de perpétuer pour survivre. En moi sommeille un chat sauvage qui parfois se réveille. Quel bonheur de rester à l'affût des heures durant, aux aguets, immobile, les yeux mi-clos, savourant les effluves qui se dégagent du corps des oiseaux, ou des lézards, ou des mulots ! Aux hommes, cela ne dit rien : ils sont à peine capables de distinguer un chat d'un lapin !

Mais mon odorat est bien plus subtil et je sais renifler à des lieues à la ronde de quelle proie aujourd'hui je vais régaler mon palais. La couleur de mon pelage tigré gris et mordoré me permet de me confondre avec le feuillage. Je me tasse sur mes avant-pattes, et j'attends. Cela n'est pas fatigant. Contrairement à ce que l'on peut imaginer, je suis parfaitement décontractée ! C'est parce que je ne pense à rien que mes muscles sont au repos complet. Je me contente d'être réceptive à toutes mes sensations. Pas seulement les odeurs, mais aussi les tourbillons du souffle de l'air qui se déplace au moindre mouvement de quelqu'un qui passe. Mes moustaches sont des vibrisses qui m'en apprennent beaucoup sur tout ce qui s'agite alentour. J'accueille tout cela dans mon corps en éveil. Je guette ces signes avant-coureurs pleins de promesses. Et puis la proie survient. Alors je m'aplatis, imperceptiblement. Si elle est trop loin, je me glisse lentement dans l'herbe, ventre à terre, veillant bien à rester à contrevent pour ne pas trahir ma présence. Prenant appui sur mes pattes arrière, la détente s'opère brusquement. L'animal m'échappe rarement quoi qu'en dise ma maîtresse ! Je voudrais bien l'y voir ! La plupart du temps, mon gibier est assommé par le coup asséné et le poids de mon corps pèse sur lui, l'empêchant de reprendre ses esprits. Alors commence la partie la plus réjouissante de mon sport favori. Qu'il s'agisse d'un oiseau, ou bien d'un campagnol, mon plus grand régal est de le réveiller un peu, juste ce qu'il faut pour le laisser filer. Je joue à le rattraper avec mon pouce, muni d'une griffe acérée qui dormait jusqu'ici dans sa gaine et qui me permet de maintenir prisonnier l'objet de mes rêves. Oh oui, c'est très jouissif, ce jeu qui consiste à lancer, puis rattraper, perdre puis retrouver, cet objet d'amour que l'on s'apprête à dévorer ! Il m'avait semblé entendre, un jour, qu'un certain Monsieur Freud avait appelé cela « Le jeu de la bobine », en décrivant les bébés qui s'amusaient à lancer leur jouet pour le plaisir de le voir s'éloigner puis revenir ! Bien sûr, moi je finis par engloutir mon jouet. Et j'y ai grand plaisir. Mais justement, je ne fais pas ça n'importe comment ! Je ne suis pas comme ces êtres affamés qui ne pensent qu'à s'empiffrer ! Je prends le temps de festoyer. Ma victime reçoit les honneurs de cette danse si belle que je donne en spectacle et qui me remplit de bonheur. Il faut que ces préliminaires durent longtemps, pour que je puisse savourer pleinement la satisfaction finale. C'est un art très élaboré qu'il ne faut pas bâcler. Le ballet achevé, il me reste à consommer : l'acte de la manducation n'est que l'aboutissement de cette communion intime qu'a été la danse avec ma victime. C'est le sommet de ma volupté. J'aime entendre le craquement des os broyés sous mes dents. La vue du sang vermeil, quand il s'écoule, m'excite encore davantage. Je me repais du liquide épais dont la chaleur dilate mes papilles. Enivré de la saveur de la chair délicate. je goûte à son parfum dans lequel je me plonge et m'abîme C'est un instant sacré de jubilation paroxystique : je me suis incorporé la proie qui s'est, en quelque sorte, donnée à moi.

Je ne comprends pas bien pourquoi ma maîtresse m'a taxée de cruauté et s'est sentie horrifiée ! Ce sont là les choses de la vie ! La nature le veut ainsi. D'ailleurs, elle le dit bien, à sa façon : les victimes sont toujours consentantes. Parce qu'elles sont provocantes. Elles se pavanent, et s'exposent... Je n'ai aucun remords. On ne réveille pas le chat qui dort. Si l'on s'y risque, c'est à ses dépens.

Non seulement je n'ai aucune culpabilité, mais je suis fière d'avoir participé à la séance de Jean-François. Lui, au moins, a bien reconnu la présence du dieu ivre d'une jouissance qui confine au sacré. Ce n'est pas pour rien que je suis venue, ce jour-là, exécuter ce rite prodigieux devant eux deux. La preuve, c'est qu'ils en parlent encore. Ça les fait travailler et ils en sont très heureux, il ne faut pas l'oublier.

D'ailleurs, même à moi, cela fait du profit. Quand je dors, j'en jubile encore. L'autre jour, je somnolais, couchée en rond sur les genoux de ma maîtresse. Elle regardait à la télévision une émission où il était question des animaux de notre espèce. Un éminent spécialiste disait que nous étions les champions du roupillon, et que nous rêvions deux cents minutes par jour, battus en ce record par les furets seulement, qui, eux, dorment tout le temps. Eh bien oui, je rêve. Et le contenu de ces rêves, ils l'ont bien deviné, ceux qui nous observent dans leur laboratoire : Ils ont parlé de l'accélération de notre respiration, de nos mouvements oculaires ; j'y ajouterais le battement furieux de l'extrémité de ma queue, et les trémulations de mes moustaches lorsque je suis en train de rêver à la chasse ! Et puis... en voilà assez pour aujourd'hui. Je retourne à mes images de souris. Je vais laisser traîner mes carnets sous le nez de ma maîtresse. Peut-être, après tout, pourra-t-elle les utiliser pour son récit. Cela peut lui ouvrir des perspectives. Qui sait ?

⁂

Le chant du corps de Julie

Pendant quelques jours, j'ai eu très peur. Je me sentais incapable de poursuivre mon récit. Ma chatte, brusquement, s'était tue. Jusqu'alors, je n'avais eu qu'à prêter une oreille attentive à ce qu'elle susurrait à mon cœur. Il ne me restait plus qu'à le retranscrire sur la feuille. Soudain, je me suis sentie très malheureuse. Il n'y avait plus que silence au creux de moi. Avais-je employé des mots trop maladroits, qui l'avaient contrariée ? blessée ? Au point que désormais elle ne voulait plus se confier à moi ? Avais-je médit ? déformé la réalité ? L'avais-je vexée ? Que s'était-il passé ?

Aujourd'hui, je reprends la plume, sur la pointe des pieds. Car j'ai encore des choses à raconter sur l'aide que Julie peut m'apporter, de par sa seule présence parfois, auprès de mes patients. Je m'aperçois qu'en fait, il n'est pas si facile d'écouter ce qu'elle a à me dire. Cela peut m'entraîner très loin, mine de rien. Peut-être, d'ailleurs, n'a-t-elle jamais cessé de parler et n'ai-je pas su prêter l'oreille à ce qu'elle révélait à mon cœur. Parce que j'avais peur. C'est vrai. Ces histoires de chasse et de dévoration ne sont pas si anodines qu'il y paraît de prime abord. Il s'en dégage une violence et une jouissance telles que cela donne envie de prendre la poudre d'escampette à certains, qui craignent ces explosions de la vie de l'instinct : ma chatte s'y livre sans aucune pudeur, dans une insouciance totale, due à l'inconscience du sens de ce qu'elle donne à voir dans ses comportements. Bienheureuse innocence ! Ce que je nommais « cruauté », est une sensualité pleine d'allégresse, une agressivité qui confine à l'ivresse d'exister et de jouer avec son corps et celui de l'autre.

C'est un hymne à la vie. Une exaltation du désir ; une libération d'énergie ; une célébration de l'amour. Ma chatte est sauvageonne. Mais elle n'est pas cruelle. Sans doute est-ce cela qui me fascine chez elle. C'est le chant de son corps d'une beauté fantastique, que ce soit quand elle dort ou dans sa danse élastique pleine de délicatesse qu'elle exécute en souplesse autour de sa proie bien vivante. J'ai fait l'expérience d'offrir à Julie un jouet, en forme de souris et... parfumée à la valériane qui, comme vous savez, est une odeur appréciée de la race féline. Julie l'a contournée, méfiante, puis tapotée d'une patte prudente. Et s'en est désintéressée. Ce n'était pas vivant ! Je me suis trouvée ramenée des années en arrière quand il me fut donné une poupée en guise de bébé. C'était de vie dont j'avais besoin. Comme elle. Et voilà que je reproduisais pour elle le tour que l'on m'avait joué ! Sa réaction a été la même. Sauf qu'elle n'a pas boudé, ne s'est pas refermée sur elle. Mais elle est allée chercher, ailleurs, les délicieuses voluptés où s'éclate son désir, où elle s'éclabousse de plaisir, et m'invite à le partager puisqu'elle insiste pour me le montrer ! Celui-là, je ne peux le lui refuser. Je l'ai déjà privée de la maternité. Qu'au moins elle puisse goûter aux joies de son instinct carnassier !

Plusieurs fois, il m'a été demandé si je ne voulais pas la faire « dégriffer ». Traduisez : la faire opérer pour lui enlever les griffes de ses pattes antérieures. Cela se fait parfois pour éviter que les chats d'appartement ne détériorent tapis, fauteuils, moquettes et autres aménagements intérieurs. Pour éviter, aussi, que ces « animaux de compagnie » ne griffent sauvagement les petits enfants quand ceux-ci, malheureux, essayent de se venger sur eux et les prennent pour boucs émissaires, leur faisant subir des traitements qui déclenchent leur juste colère. Les pauvres bêtes n'ont plus alors, pour se défendre, que leurs dents. L'homme les a amputées sauvagement de ce qui leur permet de vivre leur instinct de prédateur. Parce qu'il a peur. Ça le rend cruel et méchant. Désormais, je refuse obstinément de me livrer à quelque atteinte que ce soit à la vitalité de ma chatte. Si j'aime les rondeurs et la chaleur de son corps, et ses douceurs, j'ai appris à apprécier aussi la beauté qui s'irradie de ces scènes d'orgie au sens noble du terme : Célébration de la vie qui s'écoule à profusion, dans une surabondance d'énergie qui frémit à travers l'épaisseur charnelle de ce combat orchestré de cris qui remontent du fond des âges, de chat en chatte, depuis des générations. Oui, cette violence-là me fascine. Je l'accepte. Plus jamais je ne la taxerai de cruauté, Julie, je te le promets.

⁂

Les peurs de Julie

Te voilà enfin apprivoisée par la scène originaire ! et capable de faire la différence entre la violence de sa danse et la brutalité cruelle de ceux qui ont quelque chose à venger ou à prouver.

Je vais te faire une confidence. J'ai horreur de la violence moi aussi, et j'en ai peur. Je veux parler de cette agressivité désordonnée qui sourd des profondeurs de l'être, et qui n'est pas intégrée à lui, au point que c'est lui qui est agi par elle. Il la subit. C'est une force indifférenciée, qui n'est liée à aucun objet, mais qui peut se fixer sur la première occasion qui passe. Tu as souvent des patients qui sont en proie à l'impétuosité de ce torrent d'agressivité qui les submerge. J'ai pu constater, à mes dépens, qu'il m'est arrivé de constituer pour eux l'objet rêvé dont ils se servent pour écouler ce trop-plein de fureur qui s'est emparé d'eux et les possède. Ils sont dans l'incapacité de le contrôler. Ils sont soumis à des débordements aveugles qui peuvent donner lieu à des comportements extrêmes.

Ainsi, un jour où je dormais béatement sur mon fauteuil, l'une de tes patientes m'a réveillée brutalement en m'envoyant, de loin, deux ou trois coussins sur le nez. Le tout était accompagné d'une agitation véhémente, et de vociférations peu aimables à ton encontre. Je me suis d'abord tassée sur mon siège, bien recroquevillée, offrant le moins de surface possible à l'agression ; puis la tempête se prolongeant, il m'a semblé plus prudent de faire retraite : je suis allée me réfugier précipitamment sous le divan. Si j'avais pu me sauver par la fenêtre, je l'aurais fait. Mais elle était fermée. Sans doute, je ne risquais rien... Ta patiente, je la connaissais bien. C'est d'elle dont tu disais récemment à propos d'Arabesque, qu'elle lui tirait les oreilles en arrière, ce qui lui donnait l'air d'un lapin... J'avais souvent fait l'expérience de ses sautes d'humeur. Ça ne m'a pas empêchée d'avoir peur. Parce que je sentais, ce jour-là, que Pauline ne se contrôlait pas. Je t'ai lâchement abandonnée. Mais je t'ai sentie toi-même soulagée de me voir me protéger. D'ailleurs, je n'aurais rien pu faire pour détendre l'atmosphère. Au contraire, si je m'étais mise en colère, ou si j'avais grondé de frayeur, j'aurais peut-être continué à déchaîner sur moi sa violence aveugle, excitée qu'elle aurait été d'avoir suscité en moi cette agressivité. En me soustrayant à sa vue, je l'ai laissée parler sa haine et sa souffrance dans une mise à distance qui t'a permis d'intervenir pour la contenir dans des limites rassurantes hors desquelles elle avait débordé un instant. Je n'ai émergé de ma cachette que lorsqu'elle est partie et j'ai vite demandé à sortir pour me promener et m'aérer dans le jardin et surtout, pour libérer les tensions que j'avais ramassées et accumulées pendant la séance sans pouvoir les transformer en énergies positives, selon la secrète alchimie que je t'ai déjà expliquée.

J'ai souvent remarqué, en effet, que nous n'avions pas les mêmes peurs, ni aux mêmes moments. Ainsi, ce jour-là, je t'ai sentie très calme, pas impressionnée du tout par le tapage et le remue-ménage de ta cliente ; alors que j'étais terrorisée. Par contre, il m'arrive d'être très à l'aise alors que tu te sens bouleversée.

Ce que je redoute, c'est le bruit, les mouvements violents. Et les cris stridents. Par exemple, ceux de Germaine quand, soudain, elle se met à hurler au souvenir des événements douloureux qui se rappellent à elle, réveillant des sentiments si déchirants qu'ils la font se tordre de douleur et trembler de fureur. Tu sembles rester sereine, présente et attentive. Tu gardes le silence, immobile. Je te sens au cœur de la situation, compatissante à l'émotion mais à ta place. On te croirait de glace. Je sais bien, moi, qu'il n'en est rien. Seulement, tu as aujourd'hui assez d'expérience pour ne pas te laisser emporter par ces violentes manifestations au point de te paniquer devant elles. Tu parais comprendre ce qui se passe. La plupart du temps, d'ailleurs, tu sais trouver les mots qu'il faut pour apaiser ces bouillonnements véhéments de ta patiente. N'empêche que la virulence de ses emportements me fait me ratatiner ! Si je pouvais être souris, dans ces moments-là, et me faufiler dans un trou ! — Quel paradoxe pour une chatte ! — c'est dire l'intensité de ma peur. Pour moi, c'est véritablement l'horreur d'assister à de tels débordements gestuels et sonores ! Je me demande comment tu peux le supporter sans te liquéfier de terreur. Tu en ressors fatiguée. La seule chose que je peux faire pour toi alors, c'est de t'offrir mon corps à caresser, ou de t'inviter à jouer ; mais nous en avons déjà parlé !

C'est cette même crainte que j'éprouvais lorsque Jean-Paul arrivait pour sa séance. Ce jeune homme, d'allure tranquille, a bien du mal à contenir en lui toute la violence de ses pulsions que je ressens meurtrières. Tu t'es longtemps demandé pourquoi je manifestais un tel désarroi et demandais impérativement à sortir quand il entrait chez toi. C'est vrai, je le reconnais, je ne suis pas très courageuse. Je m'avoue même très peureuse au contact d'une telle confusion de forces indifférenciées qui exercent une poussée incontrôlée tout alentour. Je l'ai senti dès le premier jour et j'ai pris la fuite. Tu ne t'en es pas rendu compte tout de suite. Tu t'es bien interrogée sur ce qui me prenait. Et tu t'es dit que j'avais tout à fait le droit d'avoir mes antipathies... Ce n'est qu'au fil des séances que tu as compris à quel volcan en sommeil tu avais à faire. Depuis, tu as bien mesuré le danger véhiculé par cet homme en qui s'affrontent des énergies dévastatrices que tu t'emploies à contenir, en attendant que soit trouvé le chemin qui pourra les canaliser et leur donner un objet susceptible d'être vraiment désiré et aimé. Le travail est bien amorcé. C'est pourquoi j'ai moins peur et consens maintenant à rester près de lui, et même à m'installer sur ses genoux où je diffuse ma chaleur. Il en est si étonné qu'il ne bouge ni main ni pied. Il n'ose pas me caresser ; ni remuer. Mais je crois que cela va venir. Signe qu'il aura opté pour la vie !

Voilà. Je me devais de te dire mes frayeurs. Tout ce qui est désordre, confusion, incohérence, m'incommode considérablement. Oui, il avait raison le poète ! J'aime l'ordre, la beauté, le luxe, le calme et la volupté !

Mais j'apprécie aussi tout ce qui va dans le sens de la vie qui se cherche. C'est pourquoi, mon premier mouvement de surprise passé, je n'ai pas eu peur lorsque Marc m'a dérangée dans ma tranquillité en me caressant de toute sa rudesse. Je suis vite revenue vers lui après en être partie, parce qu'il transpirait la vie. Il sentait bon les senteurs de la terre et la sueur. Et puis, il parlait de la création ! et du bonheur ! Son apparente brutalité n'était, en fait, qu'un ardent désir de vivre dans la ferveur. De cela, je ne peux avoir peur, même si ça me bouscule dans mes habitudes ronronnantes et mes humeurs !

Cela t'explique aussi pourquoi, un jour, je suis accourue de l'autre bout du jardin, à l'écoute de ce que tu as ressenti comme un cri guttural inarticulé émis par un petit enfant sourd à qui sa mère avait parlé de moi. Colin — c'était son nom — m'appelait à sa façon. C'était la première fois, peut-être, que tu l'entendais utiliser sa voix pour en tirer des sons qui ont épouvanté tes oreilles. J'ai bien vu, lorsque je suis venue, que tu étais inquiète. Toute remuée par le caractère un peu sauvage, indifférencié, de ce bruit rauque inaccoutumé. Au risque de te peiner, je dois t'avouer que ce langage me parle mieux que tous les discours très élaborés que tu me fais, avec tes mots savants et compliqués ! Je les comprends parce que le ton en est affectueux ! Mais l'appel de Colin a été, sans conteste, plus éloquent pour moi que les mots de ton vocabulaire à toi ! Là encore, ce que j'en ai aimé, c'est le cri de la vie, la puissance de l'instinct habité par l'esprit.

Tu le vois, nos élans et nos peurs ne sont pas tout à fait les mêmes. C'est bien ainsi : quand c'est toi qui as peur, ou qui es triste, je vais vers toi et te rassure de ma présence et ma chaleur. Je te communique ma force, mon énergie et mon assurance. Sitôt que moi j'ai peur, si je ne puis m'enfuir, je me réfugie dans tes bras, bien à l'abri près de ton cœur. Nous sommes très complémentaires !

Mais... me voici bien confuse : Je m'exprime un peu trop longuement, au risque de lasser tes lecteurs. Tu te plaignais tellement de mon silence... Te voilà rassurée ?

⁂

Julie à fleur de peau...

Me voilà rassurée, en effet, Julie a consenti à reprendre la parole, et à parler directement à mes lecteurs pour leur raconter toutes ses peurs. C'est vrai que j'ai mis du temps à comprendre pourquoi elle s'en allait si vite lorsque Jean-Paul arrivait. Maintenant, je sais.

Brave Julie. Je te contemple, sur le bord de la fenêtre, en ce crépuscule de mars, où tu humes le printemps. De temps à autres, tu coules vers moi un tendre regard, de tes yeux jaunes étoilés de vert. Et puis à nouveau tu t'absorbes dans tes pensées insondables. Le chant d'un oiseau fait bouger tes oreilles. Mais sans doute es-tu fatiguée ! L'heure de la chasse est passée. Tu n'as plus envie de trotter. La fraîcheur du soir te fait frissonner. Voici que tu te dresses sur tes quatre pattes, et le dos rond, tu t'étires avec volupté. Alors ton corps devient immense : Campée sur tes pattes arrière, celles de devant prenant appui sur le haut de la fenêtre, tu me dévisages en miaulant et me demandes à entrer. Je ne me fais pas prier. Viens, ma Julie. Nous allons continuer à écrire ensemble ce que nous vivons dans ce cabinet, et quel émerveillement est le mien lorsque je mesure l'impact de ta présence — ou bien de ton absence — sur l'évolution de mes patients.

Julie est là, sur mon papier. Et me caresse, du bout de son nez humide qu'elle pousse sur mes avant-bras, que cherche-t-elle à me dire ? Je plonge ma main dans sa fourrure fraîche et sens son cœur qui bat, rapide, mais régulier, tranquille, à son rythme de chatte.

On parle souvent de « caresser le chat ». Certes. Mais le chat nous rend bien la pareille ! Tous les chats et chattes que j'ai connus depuis mon enfance ont sollicité plus ou moins ma tendresse, se nichant au creux de ma main pour m'inviter à la caresse. Julie, comme les autres — plus encore peut-être que d'autres — se montre particulièrement friande de ces démonstrations tactiles. Recueillie, je l'ai dit, à l'orphelinat des chats abandonnés que constitue la S.P.A., elle a dû longtemps être portée dans mes bras, et cajolée, et câlinée, pour être rassurée, tant elle était effarouchée. Est-ce pour cela qu'elle a gardé un tel besoin de contact ? Si un matin j'oublie, trop pressée, de passer ma main sur son dos, de la flatter au-dessous du menton, de gratouiller son front ou de lisser la fourrure sur sa peau tendue, Julie va protester et venir chercher son dû avec insistance, jusqu'à ce que je consente enfin à réparer cette carence. Alors je m'attarde et c'est, ma foi, bien agréable. Elle aussi aime, manifestement, ce contact des corps sur ou contre le sien. Si elle est sur le rebord extérieur de la fenêtre, et si, de l'intérieur, je passe ma main devant elle, elle se frotte le long de la vitre, lisse ses moustaches contre elle et miaule d'un air que j'interprète comme malheureux. Peut-être est-ce ce que je « projette » ? Je le ressens en tout cas comme une déception de l'animal de ne rencontrer que la froidure du verre contre son corps chaud, qui réclame la douceur du corps de sa maîtresse. De même, lorsque Julie m'accueille à mon retour de la ville, elle passe un bon quart d'heure à se frotter contre mes jambes. Je m'assieds ? Aussitôt la voilà qui arrive et qui de son museau me fait de doux bisous sur la joue ! Riez si vous voulez ! mais Julie est expansive et n'hésite pas à vous offrir généreusement ses formes chatoyantes à bichonner. Mes patients le savent bien quand, sur leur passage, elle dévoile les secrets de son intimité ordinairement cachée : le ventre à la peau rose tendre et fragile, en principe si bien protégé à l'intérieur entre ses pattes, s'ouvre sans plus de pudeur, tandis que les yeux jaune-vert en amandes se font enjoleurs pour séduire celui qui passe. Bien rares ceux qui peuvent résister, alors, à une demande aussi bien formulée. La sensualité de ma chatte en est presque indécente... C'est elle qui la fait parfois venir s'installer sans ambage contre le corps de mes patients. Ou bien carrément sur eux. A bon escient. Pourtant... il peut arriver que certains en soient fâchés. Et il me faut veiller à respecter leur vœu d'en être préservés. Cela n'est pas sans intérêt, nous allons le voir. Et donne lieu à un travail précieux dans l'évolution du sujet concerné.

Lucile est une grande et belle jeune femme très brune, au teint mat, à la taille fine et élancée. Elle est venue me consulter — il y a deux ans déjà — pour des vertiges persistants qui, depuis quelque temps, la handicapaient dans ses déplacements. Mais plus profondément, des plaies béantes restent ouvertes en elle, malgré près de dix ans d'analyse, jadis effectuée avec un analyste renommé, aujourd'hui décédé. Celui-ci avait réussi à dénouer bien des problèmes, mais des phobies importantes sont demeurées chez Lucile. Elle a appris à « vivre avec », mais elle prend des médicaments — anxiolytiques en quantité importante — et elle m'a demandé, avec une confiance très touchante, de l'accompagner dans un nouveau cheminement pour tenter de vivre mieux. J'ai accepté.

Dès le premier jour, Lucile m'a prévenue : Elle aime bien les chats, mais de loin. Elle ne leur veut aucun mal, mais ce sont eux qui lui en font : Elle est « allergique » aux poils de chat. Ceux-ci la font enfler de toute part, lui provoquent un œdème du visage, en particulier au niveau des yeux, dont les paupières se gonflent, et « c'est dangereux », dit-elle.

Il se trouve que, très souvent, Julie est là, assoupie dans mon cabinet, à l'heure de la séance. Il m'est arrivé, une fois ou deux, de l'oublier complètement tant sa présence était discrète, et par conséquent, de la laisser sur son fauteuil dormir paisiblement ; mais Lucile se montrait inquiète, craignant que la chatte ne se réveille et, en remuant, ne vienne égailler ses poils dans l'air ambiant jusqu'à ses yeux fragiles. Cependant, la plupart du temps, j'ai pris soin d'emmener Julie avant même l'entrée de la jeune femme. Mais à chaque séance, je remarque les mouvements rapides de ses yeux anxieux qui, en trois secondes, font le tour de la pièce pour détecter l'éventuelle présence ennemie et protester le cas échéant.

Aujourd'hui, je n'ai pas eu le temps d'emmener Julie avant

l'arrivée de ma patiente, mais je me suis empressée d'y remédier tandis qu'elle s'installait. Lucile est furieuse. Elle commente :

« Au moment où vous avez pris votre chat pour l'emmener, je l'ai regardé et me suis dit : Et en plus, il est gras ! C'est déjà surréaliste qu'il y ait un chat dans un cabinet de psychanalyste ! et c'est encore plus surréaliste que vous soyez obligée de l'enlever pour que moi je puisse me sentir bien ! C'est angoissant ! »

L'angoisse, c'est, bien sûr, de faire une crise d'allergie. Mais plus encore, c'est de sentir sa place menacée par l'intruse. Lucile ne peut le dire que de manière indirecte : Elle se phantasme comme étant elle-même une intruse :

« J'ai l'impression de prendre la place du chat ! », puis : « Je ressens que vous vous sacrifiez en emmenant votre chat pour me laisser la place ! »

Autrement dit, si je me sacrifie ainsi, je risque, un jour, de ne plus l'aimer. Elle a peur que je lui en tienne rigueur, et d'être rejetée, à force d'exiger d'être la préférée !

Je lui demande si elle se souvient de la première fois où elle s'est mise à enfler en présence d'un chat. Certes, elle s'en souvient ! c'était chez un cousin qu'elle aimait bien, un bel esthète, très musicien, fin, brillant, hypersensible et qui lui plaisait beaucoup :

« Souvent il me caressait les cheveux, comme il aurait caressé son chat : il aimait caresser. Il était tendre et paternel ! Il avait un énorme chat siamois, qui ne me dérangeait pas outre mesure. Un jour, ce chat est monté sur mes genoux, et mes yeux se sont mis à enfler. Je n'ai pas fait le lien tout de suite avec le chat ! Depuis, j'ai toujours été allergique aux poils de chat ! »

Lucile revient sur ce cousin et s'attarde un moment à l'évocation des bons souvenirs qu'il fait revivre en elle :

« J'aurais bien aimé être sa fille ! Il était tendre et chaleureux, tout ce qu'un bon père pourrait être... »

Cet homme lui manifestait une tendresse assez démonstrative, ce qui n'était pas le cas de son père. De plus, il se dégageait de sa personne un bonheur de vivre et une sensualité avec laquelle Lucile se sentait en résonance.

« Il embrassait son chat sur la bouche ! s'écrie-t-elle soudain, indignée. Je me disais : qu'est-ce qu'il lui trouve à ce gros chat siamois, pas beau, ce monstre ! »

Je ponctue, sur un ton convaincu :

« Ce chat l'heureux ! Chasse ! Y a moi ! »

Lucile éclate de rire !

« C'est vrai ! Il a l'air un peu trop bienheureux ! Il est là, comme un bouddha ! Vous me faites rire !... J'ai une image de Bouddha avec plein de plis sur le ventre ! Je me trouvais plus belle que lui ! et plus mince ! Un jour, mon cousin m'a déclaré en me caressant les cheveux, que l'une de ses petites filles lui avait dit : « Lucile est belle ! » Et quand j'étais petite, on me disait que j'avais des yeux de chatte ! Comme ma mère ! »

Le cousin Paul admirait ses yeux de chatte, il lui caressait les cheveux comme il caressait la fourrure de son chat ; mais il ne l'embrassait pas sur la bouche comme il le faisait pour son chat !

Elle rit encore, de bon cœur :

« Je suis venue ici pas bien du tout ! avec un tas de choses à parler ! Et puis je me suis embarquée sur cette histoire de chat ! Et ça me fait beaucoup rire ! Et je ne sais pas pourquoi ! »

Elle associe, d'un coup, furieuse et indignée, sur un « gros monsieur » rencontré la veille dans une réunion, et qui prenait toute la place : physiquement de par sa corpulence, et socialement :

« Il a un comportement aussi énorme que son corps ! Il parle ! Il écrit ! Il est partout ! »

Décidément, Lucile a du mal à préserver sa place qu'elle ressent comme menacée. Ses nombreux frères et sœurs ont accaparé sa mère, mais surtout ce père qui n'en finissait pas de remplacer un nouveau-né par un autre, dès que le précédent se dépouponnait. Elle aurait tellement voulu que ce père lui manifeste un peu de cette tendresse dont il abreuvait les bébés ! Mais elle était l'aînée et devait se contenter d'aider dans les tâches ménagères les plus variées. Sans rechigner. Le cousin Paul, ce bon père idéal, l'a reconnue dans sa beauté. Ce pur esthète l'a remarquée et appréciée — mais il n'a pas été jusqu'à lui témoigner l'intimité dont elle rêvait et à laquelle ce monstrueux chat siamois avait droit. Et puis, Lucile s'est défigurée : sa figure a enflé...

« Je trouve ça très joli, un visage de chat ! »

Mais ses beaux yeux de chatte ne supportent pas la concurrence, et le manifestent avec ostentation dès que l'occasion se présente.

Pour l'heure, Lucile ne peut exprimer tout cela en clair. Elle ne peut que laisser échapper ce rire qui coule d'elle comme si elle avait joué un bon tour, qui venait d'être percé à jour. Mais elle dit à plusieurs reprises qu'elle ne sait pas pourquoi elle rit, et je me garde bien d'insister. Son allergie lui est, pour l'instant, un symptôme bien utile, et qu'il faut respecter. C'est pourquoi, à chaque séance, je déménage Julie, que je porte cérémonieusement en salle d'attente où elle prend la place de Lucile qui entre dans mon cabinet. Ainsi, chacune des deux peut dire à l'autre : « Chasse ! Y a moi ! », à travers ce chassé-croisé !

Parfois, Lucile jette un œil noir sur l'objet de son ressentiment tandis que je le trimballe ainsi. Elle associe sur un voyage difficile pour elle : sa traversée du Tunnel du Chat emprunté par erreur, un jour qu'elle allait à Chambéry, et qui lui a valu une grande dépense de sueur et d'adrénaline tant l'angoisse l'avait saisie. Quelques mois plus tard, elle me tance avec violence :

« Vous m'emm... avec votre chat ! J'étais bien tranquille ! Cette connerie de chat ! Je n'ai pas besoin de ça ! »

Je demeure accueillante à ses invectives. Elle se radoucit :

« Si j'étais sûre qu'il ne bouge pas du tout ! il pourrait rester ! »

Puis elle revient sur l'épisode de sa première manifestation allergique :

« Ce cousin Paul ! Il avait de la passion pour ses filles ! Il avait six filles ! J'aurais tellement aimé l'avoir pour père ! »

Elle enchaîne, sans transition :

« Il caressait la fourrure de son chat ! Et l'embrassait sur le museau ! Si encore je l'avais trouvé beau ! Mais il était gras et gros ! Comme un gros rat ! »

Elle me rappelle que l'allergie fait enfler son visage tout

autour de ses yeux. Toute son angoisse se concentre en cet endroit précis. Or justement, aujourd'hui, sa mère subit une opération des yeux. Ces yeux maternels dont le regard lui a toujours inspiré une certaine crainte. Elle me confie : sa mère a des yeux de chat. Or, ma cliente aussi — elle l'a assez dit ! Et les chats y voient clair la nuit !

« C'est comme si mes yeux me gênaient, et qu'il y avait un danger qui allait se localiser, là ! Comme s'il risquait d'y avoir une violence, et que j'allais faire une crise d'hystérie ! »

Elle ajoute qu'elle tremble, et qu'elle a un « chat » dans la gorge... « Comme s'il y avait quelque chose de coincé, là ! »

Elle se souvient, soudain, de son rêve de la nuit : une histoire de bébés-chats... mais tout s'est enfui !

Lui reviennent enfin plusieurs histoires de chat, racontées par sa grand-mère ou par ses amies.

Quelque temps plus tard, le thème se fait plus précis : Elle apporte un rêve que je ressens comme très en rapport avec ce qui se passe ici, dans ce lieu de l'analyse, où moi, la femme-mère, je la confronte symboliquement à la scène primitive sous la forme de trois chats noirs. Mais il apparaît clairement qu'elle ne peut l'aborder et, dans ce rêve, elle repart en se faisant accompagner par une image de père. Ce rêve lui évoque un souvenir de ses 15 ans, où lors d'une nuit passée au « chalet de vacances », elle a entendu son père faire l'amour avec sa mère — cette dernière le vivant très mal tandis que l'époux caressait sa femme en l'appelant : « Mon petit chat ! » Une vague d'angoisse submerge Lucile tandis qu'elle se remémore la scène. L'angoisse se fait plus forte encore lorsqu'elle réalise soudain qu'elle a coutume d'ajouter affectueusement au prénom de son fils le suffixe « Minou »... Enfin, elle me relate un conte de fée où une jolie petite chatte blanche, une fois décapitée, se transformait en femme : drôle d'histoire où il fallait que la petite chatte perde la tête pour devenir Femme ! Durant tout ce récit, Lucile se frotte les yeux, dit qu'elle a mal et se sent éblouie. Elle a peur de faire une allergie !

A la séance suivante, Lucile revient longuement sur l'importance, pour elle, du regard et de la lumière :

« Vers la fin de ma première analyse, me dit-elle, c'était

comme si un rideau se déchirait. Je voyais tout ce qui m'entourait dans la lumière. Par contre, quand j'ai de l'angoisse, je ne vois plus les choses. Je me barre, en mettant des bornes. »

Elle se barre... dans tous les sens du mot : Elle prend la fuite, en proie à ses phobies, et elle se raye de l'existence, elle ternit son prénom de lumière « Lucile »...

C'est alors qu'elle entend, en écho, la voix de sa mère l'appelant — mais sans affection :

« Je la ressens comme une agression, là, jusque dans mon corps ! Je me sentais tellement laide quand j'étais petite ! Peut-être que j'aurais été jolie si elle m'avait aimée ! Quand elle me peignait, on aurait dit qu'elle cherchait à me massacrer ! Elle prenait ses ciseaux et elle me coupait ! Il n'y avait plus que mes yeux qui étaient beaux ! On me le disait ! et c'était vrai ! »

Puis :

« Je repense à ce siamois ! C'est quand il m'a sauté sur les genoux que je suis devenue allergique... Quand je pense à « siamois », j'oublie « chat », et du coup, je ne sais plus ce que ça veut dire. Si j'arrive enfin à me souvenir de « chat », je retrouve « Si ! y a moi ! »

Et elle enchaîne :

« J'ai mal aux yeux ! Je suis sûre que j'ai un chat de poil dans l'œil ! »

Un chat de poils ? ou un chat à poil ?

Lucile rit de son lapsus, puis s'esclaffe carrément :

« Hier, j'ai beaucoup ri, parce que quelqu'un disait : « J'ai un chat dans la gorge ! »

Dans l'œil, dans la gorge... Que de chats ! Au fil des séances qui s'enfilent les unes après les autres, Lucile tisse peu à peu la trame de son histoire. Et l'élabore. Elle m'explique combien elle a peur de toute relation, qui pourrait compromettre cet équilibre fragile qu'elle a réussi à établir dans son existence, limitée par les bornes que lui imposent ses phobies. Dans cette solitude relative qui est la sienne, elle se sent protégée, à l'abri. Mais en attente, aussi. Du prince charmant ? C'était là l'objet de ses rêves de petite fille, quand elle s'imaginait princesse aux cheveux d'or... Aujourd'hui, elle serait bien étonnée et rirait encore, à l'idée que son cœur blessé, bien enfermé, puisse se remettre à espérer et à aimer. Le rideau qui s'était déchiré à la fin de sa première analyse, s'est reconstitué. Mais son corps parle : ses yeux, sa gorge, son ventre aussi. Et ce cœur qui bat la chamade à défaut d'être entendu dans ses cris !

Le corps de Lucile ne peut supporter la présence de Julie. Mais Julie est plus que jamais présente à travers son absence. Lors de ces séances où, grâce à elle, se réactivent des angoisses sur lesquelles Lucile travaille, sans même s'en apercevoir, dans le rire et dans les larmes, dans l'amour et dans la haine, dans le plaisir et dans la peur. Peu à peu, des mots se disent, qui entrouvrent la porte du désir. Mais... Lucile n'a pas fini de le vivre. Laissons-la poursuivre, dans le secret de l'analyse, ce chemin où la lumière pourra se faire jour et devenir claire pour elle !

Lucile n'est pas la seule à souffrir d'allergie. Par contre, elle est la seule à avoir rejeté aussi violemment Julie. Elle a admis, je crois, que le jour où elle pourra enfin tolérer sa présence, elle aura franchi un grand pas. Peut-être même se sentira-t-elle guérie ? On n'en est pas encore là ! C'est que le chat a joué un rôle symbolique important dans sa vie, au cœur même de sa problématique.

Avec Justine, l'histoire est un peu moins compliquée. Cette femme d'un certain âge, intelligente et vive, souffre de son instabilité. Elle a du mal à se fixer — dans un métier, une activité, une amitié... Elle vit avec un homme plus jeune qu'elle et père d'une petite fille, que Justine a parfois du mal à accepter et dont elle répugne un peu à s'occuper. C'est que... elle-même n'a, dit-elle, guère eu de chaleur de la part de sa mère quand elle était enfant. Aujourd'hui encore, elle me rapporte :

« Il y a quelque temps, je lui ai demandé pourquoi elle ne me disait jamais des mots gentils et n'avait jamais de gestes de tendresse. Ça l'a fait rire : « Tous ces gens qui s'appellent mon CHERI ! »... Je me suis dit : Elle n'a pas changé ! D'un autre côté, je sais que je pourrai toujours compter sur elle ! »

Justine me raconte qu'un soir où elle avait bu un peu plus qu'il n'aurait fallu, elle s'était laissée aller à exprimer les émotions qui montaient en elle : Elle s'était jetée en pleurant dans les bras de sa mère. Celle-ci l'avait repoussée durement : « Un peu de tenue ! » Elle n'aimait pas les effusions.

« J'aurais tellement aimé qu'elle me serre dans ses bras ! », sanglote-t-elle.

C'est arrivé, une fois, pourtant.

« Quand le chien est mort, là, elle m'a serrée dans ses bras. Nous étions malheureuses toutes les deux. Ce jour-là, elle a été affectueuse. Elle l'avait été aussi avec le chien. Elle disait parfois que le chien était plus gentil et tendre que les hommes, et que ceux qui n'aimaient pas les animaux ne pouvaient pas aimer les hommes ! Elle disait ça pour moi, parce que moi, je n'aimais pas bien le chien ! »

Est-ce pour cette raison que Justine a mis si longtemps à me dire son allergie aux poils de chat ? Lors de ses séances, elle n'a jamais manifesté aucun rejet à l'égard de ma chatte qui, je dois le dire, ne s'est jamais approchée du divan quand ma patiente y occupait la place. Il aura fallu plusieurs mois pour que s'exprime enfin, à l'occasion d'un rhume, l'existence de cette maladie :

« Quand j'étais petite, j'étais toujours malade. Est-ce que j'en profitais pour me faire câliner ? Oui, je crois. Maman me bordait, me soignait. Je me demande jusqu'à quel point, à force d'entendre dire que j'étais malade, je ne le restais point ! Tant et si bien qu'à dix-huit ans, je me suis mise à avoir des rhumes chroniques, et des allergies. »

Elle se demande si ces allergies diverses n'étaient pas liées aux chats :

« On en avait quatre ou cinq ! et un, plus apprivoisé que les autres, qui nous tétait l'oreille ! »

Justine se met à pleurer, et je sens une grosse émotion déferler en elle. Elle parle d'une voix mal contenue, précipitée :

« C'est triste ! Ils ont été tués quand on a pris un chien ! Parce que c'était incompatible, m'a-t-on dit ! Mais je les aimais, ces chats ! Ils étaient sauvages ! indépendants ! et super-beaux ! Il y avait la mère et ses petits ! Moi, je m'occupais des petits ! En ce temps-là, je n'étais pas allergique aux chats ! Je les aimais ! »

Mais le chien est arrivé. Et les a supplantés dans le cœur de la mère de Justine. Lucide, elle me confie :

« Je sais bien que ma mère a fait un transfert d'affection sur lui. Il a été le deuxième bébé de sa vie. J'ai été jalouse de ce chien ! »

A dater de ce jour-là, j'ai fait attention de ne jamais laisser Julie pénétrer dans le cabinet à l'heure de la séance de la jeune femme. Un jour, comme je l'emmenais à son arrivée, Justine me dit :

« Laissez-là ! Pourvu qu'elle ne s'approche pas de moi ! A distance, elle ne me gêne pas. »

C'est dit avec un grand sourire. Le ton est insistant. Je sens que c'est important.

Peu après, en plein mois de juin, malgré la chaleur accablante, Justine a froid. Elle se dit qu'elle n'est pas bien : il lui manque toujours quelque chose. Elle voudrait dormir, bien au chaud ; se réfugier dans la passivité, dans les bras de Morphée. Elle me demande si elle peut disposer de la couverture qui est derrière elle, sur la tablette qui est à côté de moi...

J'hésite. En un éclair, je jauge la situation : Justine est en pleine régression. Elle demande une réparation... Et que soit parlé tout ce qui peut se vivre à cette occasion, à travers notre relation. Mais je songe, aussi, que cette couverture est celle où Julie vient souvent dormir, couchée en rond... Il est probable qu'elle a dû y laisser des vestiges de son abondante toison. Que faire ? Je pense, encore, que Justine est parfaitement consciente du risque que lui fait courir sa demande : elle a pu constater elle-même que l'emplacement, derrière elle, était un lieu privilégié très prisé par ma chatte... Alors ?

Alors ? Tout bien réfléchi, je donne. Mes considérations n'ont duré qu'un instant. J'allonge le bras et fais glisser le plaid vers Justine, qui l'étale soigneusement pour en recouvrir tout son corps. Elle évoque alors la maison de vacances de ses parents, avec ces moments si heureux du réveil : comme c'est agréable de descendre au jardin, dans le soleil du matin ! Elle imagine sa mère qui viendrait l'accueillir, et l'entraîner vers le petit déjeuner ! Elle se sent nostalgique.

Je l'observe, tandis qu'elle parle, doucement. Je suis inquiète.

Sa main ne cesse de caresser la couverture, puis de se porter à son visage : elle se frotte les yeux. Puis revient au carré de laine, et à nouveau se palpe les pommettes. On dirait qu'elle le fait exprès... Je décide de ne pas me laisser distraire par le manège. Je fais confiance à ma patiente, et au sens qui s'inscrit à travers ses gestes et qui se dévoilera en son temps. Je suis plus que jamais à l'écoute :

« Que ma mère soit là pour m'accueillir ! C'est ce moment-là qui résume l'ambiance. Cette histoire d'accueil... C'est un peu comme la naissance ! Non ? Je repense à ma naissance !...»

Silence. J'aurais envie d'intervenir. Je me retiens. Elle poursuit — et j'admire le lien !

« Je me retiens... ! parce que j'aurais envie de pleurer très fort !... J'ai déjà éclaté en sanglots dans les bras de ma mère, ça l'a choquée. Elle m'a repoussée !... Un peu de tenue ! Mes pleurs, c'est une manière de la faire réagir ! »

Mais ses pleurs, aujourd'hui, ne couleront pas. Pourtant, quand elle se lève pour repartir, ses yeux sont rouges et tout gonflés, et ses joues ont enflé. L'allergie s'est déclarée.

Je suis très ennuyée. Justine est ravie, se détend, et sourit. Elle se plante devant la glace près de la porte, et commente :

« Je suis très contente ! C'est comme si ça me faisait plaisir ! »

Je la raccompagne. Elle me promet de revenir à ce qui vient de se passer.

A la séance suivante, Justine s'est dégonflée. Elle a retrouvé son joli petit minois plein de fraîcheur et de candeur. Sitôt installée, elle commence à parler : lorsqu'elle m'a demandé la couverture, dit-elle, elle savait très bien que « le chat » était passé par là ! Elle me dit son contentement d'avoir réagi par l'allergie :

« C'est un mal pour qu'on s'occupe de moi ! Ça me fait ressembler à un enfant qui a beaucoup pleuré. »

C'est alors seulement que j'apprends les circonstances de sa première crise :

« J'étais allée chez une copine et elle avait plein de chats. Je les ai caressés. Je suis rentrée. J'avais les yeux tout gonflés. Ils ont rigolé. On m'a prise en photo. C'était l'attraction, quoi ! »

Enfin on la regardait ! Elle devenait le point de mire de

son père et de sa mère. On s'intéressait à elle. Elle se sentait valorisée et aimée.

« Ce que j'aime bien, c'est que ça me donne un côté fragile. Du coup, on s'occupe de moi. Et puis, les allergies, ça peut repartir comme c'est arrivé ! »

Autrement dit, ça ne dure pas, ça ne la rend pas trop malade ; et en même temps, ça peut survenir à n'importe quel moment... il faut donc la ménager !

L'émotion l'envahit et elle me raconte à nouveau l'histoire de ces petits chats à moitié sauvages dont elle s'occupait, détrônés par le chien, et que son père a tués : Il a emmené le plus gros chez le vétérinaire, a endormi les petits à l'éther et les a noyés dans un seau d'eau.

« Ces chats, c'était un peu mon jardin secret, mes petits complices ! »

Elle précise pourtant que ce jour-là, elle n'est pas arrivée à en vouloir à son père. Par contre, elle se sent encore pleine de colère contre lui, et de rancœur, quand elle repense à une belle robe rouge pleine de frous-frous qu'il a déchirée pour en faire des chiffons.

« Comme je lui en ai voulu ! J'ai pleuré, j'ai trépigné ! Rien n'y a fait. Je me suis sentie impuissante. C'était injuste. Je me sentais bafouée. Ça devait le déranger, cette belle robe ! Je l'ai senti comme une atteinte à ma personne. »

Bafouée, déchirée dans sa féminité...

Elle revient sur la séance précédente, et je sens à nouveau l'émotion l'inonder de la tête aux pieds.

« L'autre jour, quand j'évoquais ma mère et le petit-déjeuner, je voulais pleurer. C'était un gros sanglot qui remontait du ventre. Je n'ai pas pu. Hier, à nouveau, je n'en étais pas loin, je ne suis pas arrivée à le laisser sortir. C'était comme un pleur d'enfant. Je me suis retenue. »

Le gros sanglot n'a pas fini de remonter. Il est encore coincé, quelque part, au fond de son corps, et de son cœur. Mais le travail se poursuit, à l'intérieur.

Quelques mois s'écoulent, et elle m'apporte un rêve où, sur le toit d'une maison, tout près des gouttières, une chatte grise s'occupe d'un petit chat en difficulté. Un autre chat noir se promène à côté, d'un air un peu protecteur. Elle-même se trouve dans les parages, et s'emploie à retenir un chien qui risquerait, sans elle, de déranger les chats. Elle est responsable du chien, et se trouve donc dans l'obligation de le surveiller, mais comme elle aimerait mieux délaisser ce gros pataud pour aller caresser les chats !

Elle associe sur le chien, qui représente pour elle « le côté autorité, famille, foyer, dépendance » et qui ne sait même pas se protéger tout seul : « Il faut le protéger à sa place ! il irait vers le chat, il se ramasserait un coup de griffe ! »

Elle est du côté du chien, par obligation, mais elle se sent beaucoup plus en harmonie avec les chats. J'apprends alors que son compagnon souhaite acquérir un chien. Elle n'est guère enthousiaste :

« J'ai le sentiment de ne pas être prête à partager, à donner, comme si ce qui ira à l'animal n'ira plus à moi ! »

Peu après, elle m'apporte un nouveau rêve : Il s'agit d'une petite fille qui, au terme d'un séjour à l'hôpital, lui déclare qu'elle va beaucoup mieux, et qu'elle a bien grandi. Elle se sent « guérie de certaines choses », lui dit-elle. La preuve, c'est que dorénavant, elle n'a plus besoin de tétine. Justine l'assure que désormais, elle va beaucoup s'occuper d'elle.

La jeune femme ressent ce rêve comme une prise en charge d'elle-même, et de la petite fille qui grandit en elle. Cela se traduit dans les faits : Elle accepte mieux de s'occuper de Caroline, la fillette de son compagnon et elle a découvert. à cette occasion, que son allergie aux poils de chat avait disparu : Elle a pu garder à la maison le petit chaton à longs poils de la fillette et n'a eu aucune réaction.

« Je suis très contente de voir ce chat ! Caroline, ça lui fait plaisir. Il se couche sur mon lit. Je n'ai même pas éternué ! »

Elle ajoute qu'elle a très envie d'avoir un chat, et n'a plus du tout peur à cette idée. Elle m'affirme, d'un ton assuré :

« Si j'avais été allergique, j'en aurais voulu à tout le monde de subir encore ça du fait des autres ! »

Le ton a bien changé. Il est oublié le temps où Justine se réjouissait de voir son visage défiguré. Son intérêt s'est déplacé de sa propre personne, sur un autre objet : le chat, sans doute encore très proche d'elle, mais extérieur à elle, et qu'elle perçoit comme un peu sauvage, indépendant.

En tout cas, depuis longtemps déjà, je ne prends plus la peine d'enlever Julie à l'arrivée de ma patiente. La chatte, si elle est là, continue à dormir, à rêver ou à ronronner. Mais jamais encore, elle n'a poussé l'audace jusqu'à se faire caresser.

Enfin, un jour, au moment de partir, Justine me demande, à brûle-pourpoint, si je ne connaîtrais pas quelqu'un qui aurait une portée de petits chats ! Elle vient de rendre le sien à Caroline, et maintenant, elle en voudrait un, bien à elle ! Elle est allée à la S.P.A., mais il n'y a que de gros chats. Elle, voudrait « un bébé », car elle voudrait l'habituer à sa personne, l'apprivoiser, le dresser. D'ailleurs, elle préférerait prendre une chatte, car c'est plus fin, et ça conserve son élégance en vieillissant ! Ce disant, Justine lance des regards en coin à ma chatte qui sommeille paisiblement, les quatre pattes en l'air, sur le fauteuil... Non ! Je ne connais personne qui puisse lui procurer des chatons ! D'ailleurs, ce n'est pas la saison ! Et puis... j'en aurais, qu'il ne serait peut-être pas souhaitable de les lui procurer ! Mais je souris, et j'ai conscience de ce que ça signifie, cette demande que je lui donne un petit !... Que de chemin accompli !

La séance suivante, Justine s'installe sur le divan. Aussitôt, Julie se réveille, et, pour la première fois, grimpe sur elle. Justine est surprise :

« C'est la première fois qu'elle fait ça ! »

Oui, c'est la première fois, en effet. Mais c'est trop tôt sans doute... Justine s'ébroue un peu. Julie s'en va... Peut-être un jour reviendra-t-elle sur les genoux de celle qui a effectué cet itinéraire un peu grâce à elle ? Il faudra alors que ma chatte se dépêche, car la jeune femme, en accord avec moi, commence à espacer ses séances, et s'achemine lentement vers une fin provisoire à donner à cette thérapie qu'elle désirera poursuivre un jour peut-être...

Quant à moi, je me sens profondément réjouie du parcours accompli. Grâce à Julie. Ce qui précisément m'émerveille, ce n'est pas la guérison d'un symptôme. Là n'est pas l'essentiel. Cette allergie au poil de chat ne compte guère en elle-même.

Et peu m'importe que Justine acquière un chat, ou pas. Par contre, la source de mon ravissement, c'est d'avoir constaté la sûreté avec laquelle l'inconscient de la jeune femme a utilisé les éléments en présence, pour que ce symptôme puisse se produire et se parler. Et que puisse s'élaborer la demande de reconnaissance qu'il exprimait. Sans doute y aurait-il beaucoup à dire sur cette évolution de la demande et ce à quoi elle renvoyait. Ce n'est point là l'objet de mon récit. Je remarque seulement, une fois de plus, que la présence de Julie a joué un rôle important dans cette thérapie. Bien sûr, cela aurait pu être travaillé autrement : sans chatte et sans couverture. Incontestablement. Mais encore une fois, Julie fait partie de mon environnement. Et joue un rôle important comme véhicule du transfert de mes patients.

Un autre exemple m'en a été fourni encore récemment, à travers l'histoire de Danièle. Celle-ci fut une enfant peu gâtée par la vie. Enfant battue. Enfant martyr. Souffre-douleur de sa mère : « Le plus grand malheur qu'on ait eu dans la vie, c'est de t'avoir fait naître ! » lui a dit un jour celle-ci. Danièle a grandi dans la culpabilité et dans la peur.

A son adolescence, ses parents ont poussé la cruauté jusqu'à la faire enfermer : Danièle a été internée une semaine à l'hôpital psychiatrique. Elle en garde un souvenir épouvanté. Bien vite, les médecins et infirmiers ont compris ce qui se passait. Et l'ont transférée dans un foyer d'accueil, en attendant le procès qui allait condamner ses parents et la délivrer d'eux. Mais elle est restée très marquée par tous ces événements. Peu à peu, au fil des séances, elle se décharge lentement de ces jours si lourds qui l'accablent encore de terreur. Aujourd'hui, Danièle est une jeune femme bien insérée dans une vie sociale et professionnelle où elle prend chaque jour plus d'assurance. Mais ses blessures sont profondes. De temps en temps, « ça craque ». La haine fait irruption dans sa vie. Et la détruit. Et détruit la vie autour d'elle. Elle en ressort navrée, épuisée, culpabilisée, effrayée. Cette mère, détestée à force d'en être la victime, voici qu'elle la retrouve en elle ! et qu'elle se sent reproduire ses comportements ! Chaque fois, c'est un étonnement pour Danièle, et la révolte gronde en elle. Quelle violence qui ne peut se dire autrement qu'à travers ces explosions de colère qui se déchaînent à l'encontre de ceux qu'elle aime ! Elle qui a tant besoin de tendresse !

Ici, avec moi, l'analyste, c'est la petite fille triste et désespérée qui a rendez-vous. Mais elle ne sait pas par où l'attraper. Un jour, elle m'apporte ce rêve d'un oiseau noir, énorme, dodu, qui se pose sur elle, lui attrape les cheveux, et la pique de partout. Elle a très peur. Dès son arrivée à la séance suivante, ma chatte accourt à toutes pattes, et se couche en rond sur elle. Surprise, Danièle reste immobile. Elle commente :

« Elle, au moins, est à l'aise ! Pas comme moi ! »

Elle reste un moment, songeuse, à la regarder. Puis elle me redit toute sa tristesse : Sous son personnage de femme gaie, à l'aise, se cache la petite fille si fatiguée de vivre, et qui aimerait s'endormir pour ne plus se réveiller, tant elle a de choses à oublier !...

Plusieurs mois passent. Un jour, elle apporte un rêve de chat :

« Mon chat se coupait un morceau de patte. Je retrouvais ce morceau. Une collègue de travail me disait : « Ce n'est pas grave ! On peut le recoller en mettant du yaourt dedans ! ».

Elle m'explique, alors, que depuis quelques temps, elle a un chat :

« Ce chat est arrivé tout seul à la maison. Je l'ai fait entrer. Je lui ai donné à manger et je l'ai remis dehors. Le lendemain, il était encore là. Il n'est plus jamais parti ! »

Ce qu'elle me dit ensuite me remplit de stupeur :

« Avant, j'avais horreur des chats. J'en avais très peur. Je craignais qu'ils ne me sautent dessus, qu'ils me piquent les yeux, qu'ils me griffent ! Ça me hérissait le poil ! En voyant le vôtre, qui est venu sur moi, j'ai eu honte, je n'ai pas voulu le montrer. J'ai accepté, j'ai laissé faire. Finalement, j'ai trouvé ça très agréable ! »

Du coup, elle a eu envie d'en avoir un, et elle a eu tôt fait de recueillir le petit matou qui s'était perdu.

« C'est une présence ! Je me sens aimée ! », ajoute-t-elle le regard posé sur Julie qui s'est couchée auprès d'elle.

Dans un premier temps, le chat était un peu perçu comme

cet oiseau noir qui, dans son rêve, s'était abattu sur elle, l'agressant sauvagement en la piquant. A l'usage, pourtant, Julie s'est révélée pacifique et pacifiante. Dans ce lieu de la thérapie, ma chatte est entrée en scène, une fois de plus, au bon moment ; je dirais même : à bon escient. Comme pour réfuter, en contrepoint, l'agression de l'oiseau. Elle est venue jouer ce rôle d'intermédiaire à travers lequel s'est nouée, de manière tangible, la confiance entre nous : Julie, en investissant les genoux de Danièle, prenant son temps, à l'aise, puis y dormant en ronronnant, lui a témoigné une réelle amitié. Elle s'est abandonnée sur ses genoux, comme un bébé. Danièle, médusée, n'a pas bougé. C'était donc cela, ce silence, qui a duré un certain temps : celui de l'apprivoisement ! La jeune femme a pu « laisser faire » comme elle m'a dit malgré sa crainte, parce qu'elle a senti qu'ici, dans ce lieu de vie, rien de mauvais ne pouvait lui arriver : A son tour, elle pouvait se laisser aller et accueillir l'animal qui lui témoignait ainsi sa sympathie. Une relation de transfert à double sens pouvait se vivre concrètement pour elle, à travers ce don mutuel des corps consentant à se prêter l'un à l'autre, dans une chaleur partagée — et Dieu sait que le corps de Danièle, battu, frappé, humilié, avait besoin d'être reconnu, rassuré, restauré. Incontestablement, Julie a communiqué à la jeune femme une bienfaisante douceur. Celle-ci a pu, dès lors, laisser parler son cœur. Réconciliée avec la gent féline, elle a bien voulu se laisser adopter par le chat abandonné qui s'est présenté à la porte de sa maison. Ce que d'autres ont fait pour elle, un jour qu'elle s'était sauvée de chez elle pour se réfugier chez un infirmier à qui elle s'était confiée, voici qu'elle a pu le réaliser à son tour auprès de ce chat perdu auquel elle s'est identifiée. Entre créatures abandonnées, on se reconnaît !

Le rêve du chat à la patte cassée la renvoie à son malaise d'avoir fait castrer le sien, sur les conseils du vétérinaire :

« C'est moi qui ai décidé de son corps ! Je ne lui ai pas demandé son avis ! Mais c'était lui prendre un morceau de lui, celui qui permet de se reproduire. Un chat, il a besoin d'aller voir les petites minettes ! C'est donc un grand plaisir que je lui ai enlevé ! »

Elle sait de quoi elle parle, elle qui s'est retrouvée internée pour avoir trop tardé à rentrer un soir après le lycée, parce qu'elle avait savouré les plaisirs d'une relation privilégiée avec un garçon !

« Et puis, il y a toute cette atteinte à son corps : piqûres, anesthésie... De l'avoir vu comme ça, au milieu de ces blouses blanches, ça m'a embêtée ! »

Depuis qu'elle a été abusivement enfermée, Danièle est terrorisée par les blouses blanches et les piqûres. Sa culpabilité d'avoir fait castrer le matou s'en est trouvée décuplée. Elle en arrive à regretter d'avoir fait ce geste.

Son rêve lui propose une solution : le morceau de patte peut être recollé en mettant du yaourt dedans !... Cela l'a fait beaucoup rire, dans un premier temps. Elle associe longuement sur ce « bébé » qu'est devenu son chat pour elle, au cœur de sa maison.

« Il a pris une grande place dans ma vie ! Je le bichonne ! Je le considère comme un gamin. Il dort dans une couette. Il vient me dire bonjour tous les matins. Il met sa tête sur mon épaule et me caresse avec son petit museau. Il mange bien... Des fois, je lui fais goûter mon yaourt. »

Mais l'issue du rêve, peu à peu, la met mal à l'aise. Elle finit par ressentir ce chat comme un symbole d'elle-même, à propos duquel elle dirait que ce n'est pas si grave d'être « coupée » dans sa génitalité : il suffit d'y remédier par un retour à une nourriture « infantile » : le yaourt — lait réservé, dit-elle, aux bébés... mais qui lui rappelle, cependant, cette grosse colle blanche, épaisse, laiteuse, qu'on lui donnait à l'école pour les travaux manuels... ! Mais n'allons pas plus loin ! Laissons Danièle poursuivre son chemin, à son rythme à elle.

La semaine suivante, elle m'annonce qu'elle aspire à prendre des vacances pour « se refaire une santé ». Elle a perdu six kilos en quelques mois, et reconnaît qu'elle ne mange guère : Rien le matin, très peu à midi, presque rien le soir. Elle n'a jamais faim. Mais elle nourrit son chat ! A ce moment précis où elle me raconte les petits plats qu'elle prépare pour lui, Julie surgit sur le rebord de la fenêtre.

« Puis-je la faire entrer ? », me demande-t-elle.

J'acquiesce.

« Dire que j'avais horreur des chats, avant de venir ici ! Elle m'aime bien votre chatte ! C'est elle qui m'a donné envie d'en avoir un ! »

C'est ainsi qu'au fil des séances, le dialogue se poursuit. Il est rare que Julie soit absente, désormais, aux rendez-vous de Danièle. Elle se couche auprès d'elle, ou sur elle, et ronronne généreusement.

La jeune femme exulte :

« Elle est trop marrante ! C'est son attitude ! J'ai vraiment l'impression qu'elle essaye de communiquer. Elle me dit : « Ne t'en fais pas ! » Le fait qu'elle s'allonge, comme ça ! C'est comme si elle me disait que je dois me détendre ! »

Puis :

« J'aime bien. Ça me fait vraiment plaisir ! »

Peu de temps après, Danièle a dû être hospitalisée pour une intervention chirurgicale bénigne. Cette fois encore, les blouses blanches l'ont traumatisée, et elle me conte sa détresse. Dès le début du récit, Julie a pris place sur ses cuisses :

« C'est marrant : Elle vient toujours quand je suis en difficulté ! Les chats ont peut-être un fluide particulier ! Mon chat, il fait pareil ! Cette présence ! Votre chatte m'a fait franchir une peur ! »

Elle médite sur la condition chattière :

« Ils n'ont pas de souci : on leur apporte à manger. Ils ont envie de sortir, ils sortent ; de dormir, ils dorment. Et puis, ils sont calmes ! Moi, j'ai envie de leur ressembler. »

Et elle échange de tendres regards avec Julie qui ne la quitte pas des yeux.

Un autre jour, elle m'annonce, guillerette, qu'elle a vu une émission télévisée ; « Les grands témoins », sur les chats :

« Ils disaient que le chat est un antistress et qu'on s'en servait en thérapie. Les personnes interviewées ont eu du mal à dire ce que ça leur faisait. Certains disaient : « Ça calme » ou « c'est une compagnie ». Moi je suis bien de cet avis. Ça m'a passionnée. Je l'ai enregistrée. C'est vous dire à quel point je suis devenue une adepte des chats ! »

Elle gratouille le menton de la chatte qui fait ronron, couchée en rond sur son ventre, les yeux plissés en amande, et comme buvant du petit lait à l'occasion de ces paroles ! Elle en cligne des oreilles !

Enfin, Danièle m'apporte un rêve, où, dans une ville aux rues encombrées et populeuses, elle fait des courses : Elle s'achète des robes, des jupes, des tailleurs aux couleurs vives et chatoyantes. Son chat la suit, pas à pas, « hyperdisciplinė ». Lorsqu'elle s'arrête dans un magasin, il s'arrête, sans problème, en se rangeant bien sur le côté pour ne pas se faire écraser. Pourtant, c'était compliqué, pour lui, d'être toujours là, dans cette grande ville avec des rues qui montaient et descendaient. Mais il ne se perdait pas, attaché qu'il était à ses pas. Tous les gens admiraient ce chat et la félicitaient :

« Partout où j'allais pour me faire plaisir, il était toujours là, derrière moi ; et j'en avais encore plus de plaisir ! Les compliments qu'on me faisait sur lui, c'était comme si on me les faisait à moi ! »

Elle savoure encore le climat de ce rêve qui l'a emplie d'un contentement persistant.

Elle évoque à nouveau ses peurs d'antan :

« J'avais peur de ces pattes griffues. Et surtout, de ces yeux : C'était comme des boules de lumière, dedans ! Ces yeux clairs ! Ces yeux verts ! Je les trouvais sournois ! Ils regardent bien en face, sans bouger, sans ciller... En les décrivant, comme ça, je pense aux yeux de ma mère ! Elle a les yeux vert clair ! »

Elle poursuit, d'une voix sourde, à peine audible :

« C'est fou ! Ce n'était pas de la haine contre les chats, que j'avais ! parce qu'ils ne m'ont jamais rien fait ! Pourtant, de les voir, ça me comprimait le dos ! ça me serrait ! je les sentais hypocrites ! J'avais peur qu'ils me sautent dessus, qu'ils s'accrochent, qu'ils me griffent ! Oui... j'ai la même sensation, en y pensant, que devant ma mère : elle me mettait hors de moi ! Un chat, c'est imprévisible, comme ma mère : je ne savais jamais ce qu'elle allait encore inventer pour me persécuter ! »

J'entends toute la souffrance retenue, la rage et la haine contenues. Pas une larme. Depuis quand Danièle n'a-t-elle pas pleuré ? Je n'ose le lui demander...

Elle revient à son rêve et se détend :

« Mon chat, aujourd'hui, c'est un confident. C'est quelqu'un qui m'apaise, un ami. Et puis, il est devenu mon petit animal à moi. C'est mon mien. Avec lui, au moins, il y a un retour d'affection que je sens bien ! C'est réciproque. Il me remercie quand je m'occupe de lui. »

Et encore :

« C'est peut-être plus agréable qu'un bébé, parce qu'il est indépendant. Il est là, mais il n'est pas accaparant ! J'aime bien ce caractère sauvage. Parce que je suis un peu comme ça : j'aime bien qu'on s'occupe de moi. Mais j'ai besoin, aussi, qu'on me laisse un peu tranquille. »

Et enfin :

« C'est surprenant d'avoir eu aussi peur des chats, et de les adorer maintenant comme ça ! »

Ainsi, grâce à la présence constante et « affectueuse » de Julie tout au long des séances, et surtout, grâce à cette chaleur partagée au contact des corps — celui de ma chatte en mal de caresse, celui de Danièle en détresse — ma patiente a pu dissocier, désormais, la haine portée à sa mère et qu'elle a pu mettre en mots, et par là, objectiver — et l'animal sur lequel elle l'avait reportée. Parce que Julie lui a témoigné tendresse, douceur, chaleur, affection et ronron, Danièle se réconcilie peu à peu avec l'enfance, et avec la fonction maternelle, à travers le transfert, par corps de chatte interposé. Julie est devenue ce lieu transitionnel vivant, à travers lequel s'est nouée la relation d'objet. Dès lors, son propre chat est devenu, pour Danièle, à la fois un symbole d'elle-même, et son bébé ; à la fois collé à elle, mais également sauvage, indépendant, « pas accaparant », respectant son besoin farouche d'intimité. Il compense ce que sa mère n'a pas pu lui donner : il l'accompagne pas à pas dans cette démarche qu'elle fait, à travers les rues de la ville, pour s'habiller et faire éclore sa féminité, en s'achetant des vêtements gais et seyants, qui flatteront son corps de femme — lequel ressemble, pour l'instant, à celui d'une enfant.

Quant à moi, dans cette histoire, je ne puis que me sentir émerveillée de tout ce à quoi il m'est donné d'assister. Et je suis profondément touchée. En écoutant parler Danièle, si sobre dans l'exposé des sévices qu'elle a subis, j'ai parfois eu les larmes aux yeux. La compassion m'a envahie. Je me suis sentie concernée. Peut-être aurais-je eu envie, quelquefois, de panser les blessures de ce corps anguleux, lui apporter quelque douceur, lui témoigner un soutien chaleureux pour compenser la froideur cruelle de cette mère qui, en raison sans doute de son propre malheur, avait eu besoin d'un souffre-douleur. Ma position me l'a interdit. Julie est intervenue à ma place. A-t-elle décelé la détresse profonde de la jeune femme, sous ses airs de souriante bienséance ? A-t-elle humé les odeurs de cette misère qui se cachait si bien sous le personnage organisé de la parfaite fonctionnaire toujours à la hauteur de ce qui lui était demandé ? Toujours est-il que la chatte s'est comportée comme si elle avait perçu ce besoin que Danièle avait d'être restaurée dans son intégrité physique tout autant que psychique. Sans doute, au premier contact, ma patiente a-t-elle dû se raidir, pour lutter contre sa peur et maîtriser ses premiers réflexes de frayeur. Julie n'a pu manquer de le sentir, mais a persisté, sans crainte d'être rejetée. Manifestement elle était à l'aise et je n'avais rien détecté de particulier. D'où ma stupeur lorsque Danièle m'avoua sa terreur, plus tard, à l'occasion du récit de son rêve. Jamais je n'aurais imaginé que ma chatte ait pu lui faire subir une telle violence. Après coup, je me dis que prévalait l'ambivalence : Si Julie a pu rester sur les genoux de la jeune femme, c'est qu'elle s'y est trouvée à l'aise et a joui d'un certain confort. Elle a été accueillie. Sinon, elle serait bien vite repartie. Danièle était donc consentante, en partie. C'est elle-même qui s'est fait violence, et non la chatte par sa présence. Celle-ci, d'ailleurs, ne s'y est point méprise. Et s'est installée en toute tranquillité. Apparemment, elle a bien fait !

Lorsque Julie n'est point désirée, elle a tôt fait de le comprendre, et de s'adapter. Je pense à une autre de mes patientes, qui semble prise de panique lorsqu'elle voit l'animal s'approcher. Quand Julie dort à l'entrée de Paméla, jamais celle-ci ne manifeste quelque réticence que ce soit. Ni en parole, ni en regard, ni en geste. Mais que Julie se réveille, et fasse mine de grimper sur elle, aussitôt Paméla se redresse sur le divan, en proie à une profonde émotion : Je me précipite pour écarter l'intruse, mais la chatte m'a devancée et d'elle-même s'est écartée, pour retourner nonchalamment sur son fauteuil d'où elle scrute Paméla d'un œil curieux. On la dirait amusée. Mais elle se garde bien d'insister. Quant à Paméla, jamais encore elle n'a parlé de ce qui se vivait. Tout au plus, dit-elle, « j'ai peur ! » mais le danger éloigné, elle se remet vite de sa frayeur et reprend son discours là où elle en était, comme si rien ne s'était passé. Pour ma part, je laisse faire, j'attends. Je ne sens pas encore le moment venu de s'y arrêter. Pourquoi ? Je ne saurais le dire. Mais il me semble inopportun d'y revenir. Pour l'instant du moins. Un jour, peut-être, viendra une parole qui fera sens. Nous verrons bien.

Telles sont les principales manifestations de rejet essuyées par Julie. Julie-la-tendresse, Julie-la-caresse... Julie à fleur de peau... Ma chatte aux prunelles vertes illuminées d'un croissant d'or, qui fait se détourner les yeux à la seule vue des siens, et se gonfler les visages en feu des allergiques ! Toi si douce au toucher et si friande des contacts humains, que se passe-t-il donc dans ta petite tête de félin lorsque tu médites ainsi en regardant fixement celle qui t'a repoussée, ou lorsque tu te laisses emporter sagement dans la salle d'attente, lors des chassés-croisés avec ma patiente qui ne peut te supporter ? Dis, peux-tu nous le raconter ?

Les replis de Julie

Je continue à me sentir très émue de tout ce que raconte ma maîtresse. Et je découvre, avec stupeur, les effets de mon corps en quête de caresses.

J'ai besoin de contacts, c'est vrai. Ma sensualité n'a de secret pour personne. J'aime que l'on pétrisse mon corps à travers ma fourrure, et je m'en trémousse de plaisir. C'est dommage que peu de personnes osent s'y risquer, car c'est, à coup sûr, un plaisir partagé ! Ont-elles peur de se faire griffer ? Une seule de tes patientes s'enhardit à masser mon ventre. Je l'attends toujours avec impatience. Mais je suppose que tu en parleras, car nous avons noué, toutes trois, une histoire importante ! Tu y reviendras, n'est-ce pas ?

Pour l'instant, tu n'as mentionné que les allergiques, ou ceux qui ont peur de moi. Je remarque que ce sont surtout des femmes. T'es-tu demandé pourquoi ? Les hommes, eux, ou bien me titillent sans en avoir l'air, imperceptiblement ; ils prennent un air dégagé, font semblant de ne pas y toucher ; ou bien m'ignorent superbement, mais ils frottent ostensiblement le pli de leur pantalon pour enlever les poils de ma robe qui pourraient y rester accrochés... Il y a aussi ceux qui, « sans complexe » dit-on, fourragent dans ma toison tout en te parlant et qui, manifestement, apprécient autant que moi ce type de sensation. Mais aucun d'eux, pour l'instant, n'a eu vraiment peur de moi ou ne s'est plaint d'avoir des réactions allergiques dues à ma présence... C'est curieux, non ?

En ce qui me concerne, je suis très sensible à certaines odeurs des corps, en particulier la sueur que dégagent aussi bien les hommes que les femmes en proie à leurs émotions. Mais je dois reconnaître que certains dispensent des parfums spécifiques bien propres à leur sexe, je crois. Est-ce parce que je suis chatte ? Je reconnais les femmes qui ont leurs menstrues et il ne me déplaît pas de m'endormir sur elles, tout près de cette source chaude qui s'écoule goutte à goutte à l'échancrure de la blessure originaire. Mais je sais détecter, aussi, l'âcre odeur de la colère, et celle, plus amère de l'angoisse. Cela ne me rebute pas. Je me fais, alors, plus câline et de mes griffes à demi sorties, je pétris de toutes mes forces les habits de ceux qui sont ainsi pris dans les frissons de leurs émotions. Ceci vaut, par contre, aussi bien pour les hommes que pour les femmes.

Mais revenons à ces dernières : Ainsi, je suis « la mère », tant pour Lucile que pour Danièle ! Mes yeux jaunes et verts sont pour elles évocateurs du premier regard qui rencontra le leur ! Comment celui-ci peut-il être l'objet d'une telle terreur ! Mon regard à moi est fixe et droit ; immobiles, mes paupières ne cillent pas ; mes pupilles sont rondes comme celles d'une chouette, et ont inspiré bien des poètes qui leur prêtent des pensées secrètes ! En tout cas, tout ce que l'on peut raconter sur moi ne me gêne pas : Je ne me sens pas concernée dans les profondeurs de mon être.

Ce qui s'est passé pour Danièle montre bien, d'ailleurs, que j'aurais tort de me formaliser des premiers réflexes de peur qui peuvent se manifester à mon approche. Moi, je n'ai ressenti aucune frayeur lorsque je suis montée sur elle. Je m'y suis installée de bon cœur parce que j'ai perçu à travers mon corps, toute la détresse qui transpirait de sa personne. Ça suintait par tous ses pores... Mais j'avoue que je suis bien aise d'avoir pu, ce jour mémorable, l'aider à « dépasser sa peur », pour reprendre ses mots. Car depuis, nos rapports sont devenus très agréables ! Je me sens appelée silencieusement dès son arrivée, et j'ai tôt fait de me lover au creux de ses maigres genoux pour partager avec elle la chaleur de notre intimité. J'entends circuler en elle cette vie qu'elle ne peut manifester, pour l'instant, que de manière feutrée à travers sa gorge serrée. Je peux en témoigner : son cœur est plein à craquer de tout ce qu'elle voudrait te demander, mais elle n'ose encore s'y risquer, tant elle craint d'être repoussée. Peu à peu, je la sens se détendre : tout en me caressant, elle fait l'apprentissage de l'échange et du partage, dans la réciprocité : elle apprend à recevoir et à donner. Je suis fière d'avoir mon rôle à jouer dans cette histoire. Je suis émue, surtout, de participer, de manière si simple et inattendue, à l'élaboration d'un langage nouveau au travers duquel la jeune femme redonne peu à peu sens à son vécu d'antan. Pour moi, c'est assez impressionnant !

C'est autre chose pour Lucile... ! Je commence à m'y faire. Comme tu as pu le constater parfois, il m'arrive de maugréer lorsque, à son arrivée, je te sens m'emporter en salle d'attente pour le fameux « chassé-croisé ». Je n'ai guère d'état d'âme, mais je déteste être dérangée dans mon somme ; je préférerais de beaucoup rester à rêver en toute tranquillité et que rien ne vienne troubler ma sérénité. Et puis, je n'aime pas cette salle d'attente : Il y fait froid et je m'y sens abandonnée. Le canapé y est pourtant bien confortable, et les coussins y sont douillets. Mais je préfère la chaude intimité de ton cabinet et la musique si variée des voix modulées au travers desquelles je sens tant de secrets percer avant même que tu ne les aies débusqués !

J'ai bien remarqué que Lucile se rétracte de la tête aux pieds dès l'entrée. Je perçois combien elle est irritée de me voir, là, elle en est toute horripilée ! Son corps entier dégage une anxiété profonde. Je sens que j'aurais tort d'insister à vouloir me faire caresser ou à me frotter contre elle. Ça ne pourrait que l'agresser au lieu de l'apaiser. Il faut absolument respecter cette hostilité qu'elle me manifeste. Je ne puis entendre tout ce qu'elle raconte à mon sujet mais je suis comme transpercée de part en part sous le feu de ce regard ardent qu'elle me lance en arrivant : je le reçois comme chargé d'une haine inouïe, qui me ferait me recroqueviller jusqu'à devenir une petite boule de feu concentrée et remplie d'énergie, électrisée, si je me laissais pénétrer par tant d'agressivité. Mais je sais me préserver et ne crains pas d'être contaminée par toute cette violence qu'elle projette sur ce « mauvais objet » que je représente à ses yeux. C'est vrai, d'ailleurs, que le dessin de ses yeux évoque ceux de mes congénères — les miens, je n'en sais rien, car je ne peux me reconnaître dans un miroir comme le font les humains — mais la forme en amande de ses prunelles rappelle celles de ce copain qui vient souvent me rendre visite dans le jardin... Sans aucun doute, je suis pour elle un condensé de signifiants inconscients, si dense, que la seule vue de ma présence lui fait violence et déclenche un bouclier de résistances. Peu à peu, celles-ci vont s'effilocher, sous l'action des mots prononcés qui vont faire sens et se nouer les relations qu'elle a toujours refusé de s'avouer entre les différents objets de ses amours. Alors, elle sera délivrée et j'y aurai un peu contribué, parce que, même absente de ses séances, j'y occupe une place importante dans ses pensées et dans son cœur, en raison de toute la charge émotionnelle profonde dont elle a investi ce support que représente mon corps pour elle. J'apprécie cet honneur qui m'est fait de pouvoir ainsi jouer un rôle dans cette analyse de Lucile, alors même que je suis rejetée. Je me sens utile.

Je regrette de devoir m'en aller, je goûte au bien-être que procure la certitude de participer à l'élan de la vie, qui poursuit son chemin obscur à travers les méandres incertains de l'angoisse et du doute, de l'agressivité et de la colère, lesquelles ne sont, bien souvent, que l'expression maladroite et cachée de l'amour pas encore séparé de la haine.

Quand même... ! Heureusement que la sensualité l'emporte en moi sur la vanité ! Car je pourrais m'enorgueillir « bêtement » de l'importance que je prends auprès de tes patients, et qui pourrait me conférer une certaine toute-puissance ! Mais ça ne risque pas de m'arriver. Je ne suis qu'un être de chair et de sang. L'imaginaire m'échappe complètement ; il m'est totalement étranger. Je suis un corps, qui vit dans l'instant ; friand de sensations, avide de volupté. Ce qui se dit de moi en mon absence m'indiffère tout à fait. C'est pourquoi, instinctivement, je préfère de beaucoup demeurer inaperçue, discrète, blottie au creux du fauteuil où quelque main vient parfois m'effleurer machinalement ou me triturer de façon sensuelle, plutôt que d'occuper toute la place dans les propos et la pensée de la cliente qui m'aura fait évacuer dans la pièce à côté sans égards pour ma tranquillité.

Je ne peux que le répéter : j'aime les caresses. J'adore être touchée, massée, pétrie, malaxée ! J'apprécie l'odeur et la chaleur des corps au contact du mien. Je les recherche. J'en ai besoin. C'est ma jouissance suprême. C'est pourquoi je suis bien aise que la majorité de tes patients, non seulement tolère ma présence, mais la désire autant que moi.

Leçons du Corps de Julie

Ma chatte ne s'embarrasse guère de fausse pudeur. Elle ne connaît aucune honte à faire état de ses envies les plus charnelles et ses requêtes sont précises.

Précises, mais précieuses, aussi. Pour qui, me direz-vous ? Pour elle, bien sûr, qui jamais ne renonce avant d'avoir obtenu ce qu'elle désire. On dit souvent que les animaux sont dénués de pensée et par conséquent, n'ont « pas de suite dans les idées ». Détrompez-vous ! Julie est entêtée ! Allez donc essayer de la déloger quand elle a élu un endroit de prédilection pour y « piquer son roupillon » ! Si elle a décidé d'y rester, vous pouvez faire ce que vous voulez ; avec une belle obstination elle viendra s'y lover à nouveau et vous en serez pour vos frais ! A moins de l'enfermer hors du lieu convoité !

Mais c'est aussi pour mes patients et pour moi-même, que cet acharnement et cette candeur dans la demande au niveau des plaisirs du corps, sont précieux. A étaler sans vergogne la jouissance de sa chair tiède, élastique, d'une souplesse infinie, si gracieuse dans ses étirements qui n'en finissent plus, dans ses détentes inattendues, Julie nous donne à tous de belles leçons de savoir-vivre et de dégustation des voluptés que la vie offre à tous nos sens ; avec cette différence, sans doute, que pour Julie — elle-même l'a reconnu — ce ne sont là que sensations pures, dans lesquelles elle est absorbée toute entière. Cela nous fascine ! Tandis que pour nous, les humains, le moindre ressenti en évoque tant d'autres qui se réveillent en nous, s'enchaînant de proche en proche, et se déroulent comme un cordon dont l'extrémité première est parfois reliée à une sorte de charge explosive dans les plis de notre cœur, bien cachée, en profondeur. Comme nous avons peur des explosions, nous préférons souvent nous préserver de la mise à feu de cette dynamite. Pourtant, la plupart du temps, quand elle éclate, quelle libération ! C'est tout un réseau de notre paysage intérieur qui, soudain, émerge de l'état de paralysie où le maintenaient les fils bien serrés qui nouaient l'énergie et l'empêchaient de s'écouler. D'ailleurs, il est courant que cette libération se fasse en douceur ; l'explosion est parfois comme l'éblouissement d'un orgasme qui inonde le corps et le cœur. Mais allez donc expliquer cela à quelqu'un qui a peur et qui se recroqueville de frayeur ! Bienheureux les innocents qui se laissent prendre par surprise, attentifs à leurs sensations, et qui acceptent de s'ouvrir aux émotions qu'elles suscitent en eux, sans trop se poser de questions.

C'est un peu le cas de Pauline, dont nous avons déjà parlé. La jeune femme est confrontée à des événements familiaux extrêmement douloureux et difficiles à vivre. Elle s'agite beaucoup et souvent, car il m'a toujours semblé important de lui laisser une certaine liberté de mouvement.

Aujourd'hui, Pauline se plaint longuement de sa santé : malaises divers, mal au cœur, pieds enflés, du mal à respirer, etc. Je l'écoute parler. Du coin de l'œil, j'aperçois Julie, à côté de moi, qui lorgne mes genoux. Je ne la veux pas, et je pose résolument mes mains croisées sur mes cuisses pour la dissuader de venir occuper le coussin de chair convoité. Je veux rester entièrement disponible à Pauline et Julie m'en distrairait.

Elle le sent. De guerre lasse, elle va sur le divan où Pauline gesticule bruyamment, tantôt assise, tantôt s'allongeant, repliant ses jambes et les étirant à nouveau... La jeune femme, habituellement très frileuse, a quitté aujourd'hui l'un de ses innombrables tricots qu'elle a déposé vers ses pieds. C'est là que Julie, accoutumée aux ébats de Pauline et peu impressionnée, va se coucher, bien enroulée ; elle ne tarde pas à ronfler ! Pauline n'a rien vu. Elle continue à se plaindre, très énervée, et ponctue chacune de ses paroles par des mouvements de jambes et de pieds assez violents pour secouer le divan tout entier. Je suis très étonnée : Julie déteste le remue-ménage ! Cependant, elle ne semble pas en être importunée. Elle continue à ronfler bruyamment. De temps à autres, entre ses paupières fendues, elle laisse couler un regard de guet.

Pauline vient subitement d'apercevoir la chatte. Elle s'écrie, indignée :

« Ça va sentir le chat ! Mon gilet ! »

Puis :

« Enfin... C'est une chatte ! Ça sent moins que les chats ! Ma directrice est une femme à chats : elle en a six !

Ma sœur aussi !

Moi, je raconte beaucoup d'histoires de chats à mes enfants, et je leur chante cette chanson :

« Mon petit chat, pourquoi es-tu si triste ?
« Mon petit chat, faut pas pleurer comme ça !
« Miaou ! Miaou !
« Ma maman est partie
« pour chasser les souris !
« Tout seul dans mon panier,
« moi je m'ennuie !
« Mon petit chat, ta maman reviendra !
« Elle te consolera
« Et toi, dans ton panier,
« Tu rêveras ! »

J'ai écouté chanter Pauline qui, pour la circonstance, s'est redressée. Je me sens très émue par tant de simplicité. La jeune femme s'est tue. Puis elle reprend :

« Pour les tout-petits, c'est bien, cette chanson ! »

Son ton convaincu me laisse ressentir combien elle parle d'expérience vécue.

Elle continue à jeter un œil en coin sur Julie qui dort en toute innocence. Le regard est chargé d'une expression ambiguë. Je me risque à intervenir : Elle peut enlever la chatte du gilet si elle en craint l'odeur. Elle riposte aussitôt :

« J'ai la flemme. »

Puis :

« Fatiguée : Pas envie de bouger. »

Silence.

« Y a du pour, y a du contre ! »

Silence. Et enfin :

« Ça ne fait rien, parce que ça viendra de chez vous ! »

Il me semble comprendre que... « ça fait beaucoup », au contraire. Je me souviens brusquement qu'il y a quelques années, Pauline m'a avoué avoir fait le tour de toutes les parfumeries du quartier où j'habitais alors, dans l'espoir d'y retrouver le parfum qu'elle avait respiré chez moi — tout comme les petits bébés, animaux et humains, reniflent l'odeur du corps de leur mère et s'apaisent lorsqu'ils perçoivent la senteur des effluves par lesquelles ils l'identifient.

La séance s'achève. Je propose à Pauline, dont les yeux sont pleins de larmes que je devine douces à son cœur, de sentir l'odeur de son gilet, pour vérifier. Elle enfouit son visage dans la laine, s'y caresse quelques secondes :

« Oh ! J'ai le nez bouché ! », dit-elle.

Et elle rit, heureuse. La voici tout à fait calmée, à présent. Penchée sur le divan, elle déplace précautionneusement Julie afin de récupérer son vêtement. Elle se rhabille lentement, hésite, puis brusquement, soulève l'animal et le prend dans ses bras. Elle me le présente :

« Je peux le mettre sur votre châle ? »

J'ai laissé traîner, en effet, mon châle de laine sur le dossier du fauteuil où je prends place habituellement pour les entretiens de face à face. Acquiescer, cela autoriserait Pauline à manipuler un vêtement m'appartenant. Je m'y refuse :

« Non. C'est inutile. Posez-la directement sur le fauteuil ou ailleurs. »

Pauline, maligne, a très bien compris, malgré mon expression un peu défectueuse. Je la sens ravie de m'avoir prise au dépourvu. Nous nous connaissons depuis si longtemps maintenant ! Pourtant, elle me lance un œil noir, désapprobateur. Elle est manifestement d'avis que Julie devrait jouir de plus d'égards de ma part ! C'est égal : Elle repart, rassérénée, emportant avec elle et sur elle le parfum de ma chatte qui la consolera de ne plus me voir jusqu'à la prochaine séance, et qui lui donnera la force de s'affronter aux difficultés qu'elle aura à assumer d'ici-là.

Le corps odorant de Julie, avec sa senteur un peu sauvage, a servi à Pauline de support, pour intérioriser à sa façon quelque chose du corps de l'analyste. Ce corps qu'elle a tant réclamé de toucher et caresser ; dans les bras duquel elle aurait tant voulu se blottir pour y régresser à certains moments de sa thérapie ; ce corps interdit. Le corps de Julie est permis. Et avec lui, tout le cortège des phantasmes qu'elle y a inscrits et qu'il lui arrive de parler en clair : « ...puisque ça viendra de chez vous ! » C'est un peu de cette vie — dont elle vient puiser la force ici — qu'elle emporte avec elle. Grâce à Julie.

Avec Roger, c'est un peu le même phénomène qui va se jouer. Mais de manière moins spectaculaire. Si Pauline se caractérisait par la vivacité de sa spontanéité, Roger, par contre, a l'expression difficile. Sa cécité totale, survenue accidentellement vers l'âge de vingt ans, l'a rendu secret, un peu taciturne, méfiant. Son verbe reste rare, et pourtant, il sait être précis, imagé parfois. C'est essentiellement un vocabulaire à base de sensations.

Toutefois, dans ce domaine des sensations, Roger est grandement frustré. Il vit seul. Il n'est guère attiré par les filles qui — au début de l'analyse — lui inspiraient une véritable répulsion et sans doute beaucoup de peur. Pourtant, c'est une femme qu'il a choisie pour l'accompagner sur cette route du dialogue intérieur. Avant de venir me voir, il m'avait plusieurs fois téléphoné, pour tester ma voix, m'a-t-il dit plus tard. Mon timbre et mes intonations durent lui convenir, puisqu'il s'est engagé sans réserve dans le voyage au long cours d'une analyse.

Aujourd'hui, il m'exprime la souffrance qu'engendre sa solitude. Celle-ci le rend agressif et jaloux : il voudrait être « le préféré », partout : quand il retourne dans sa famille, au travail...

« Je me sens encore petit garçon, en quelque sorte. Je voudrais être encore et toujours ce petit garçon, blotti dans des bras... Il y a un manque en moi, et un regret... C'est de l'ordre du plaisir corporel ; c'est comme si je n'avais pas pu me détacher d'un contact physique, d'un plaisir... peut-être pas sexuel, mais très proche et en tout cas, corporel. Ce plaisir corporel... je le recherche, et en même temps, je ne veux pas aller jusque-là ! »

Il me raconte alors un rêve, dont il ne lui reste que l'atmosphère générale, qu'il exprime ainsi :

— Je suis dans un groupe familial et il y a beaucoup d'échanges de bises.

Il commente :

— En ce moment, c'est moi qui aurais besoin d'affection ! et je n'arrive pas à en trouver comme je le voudrais ! J'ai un immense besoin de contact, et en même temps, j'ai une retenue : impossible de me laisser aller !

Julie dormait sur le fauteuil sur lequel elle s'était installée en début de matinée, ne se réveillant que d'heure en heure pour s'enrouler d'un autre côté ! Une fois de plus, je suis saisie par l'opportunité de son comportement. La phrase de Roger à peine achevée, la voici qui se réveille, s'ébroue, s'étire, puis, en moins de temps qu'il n'en faut pour le dire, fonce sur le divan et se pose délicatement sur le ventre de mon patient. Celui-ci est surpris. Il n'a pas eu le temps de la sentir venir. Il connaît bien Julie dont il me dit souvent qu'elle lui fait ce plaisir de l'accueillir à la porte du jardin. La chatte est bavarde et je les entends parfois converser tous les deux tandis qu'il entre en tâtonnant ; nullement effrayée par la canne blanche qui explore l'espace en vastes moulinets, elle précède Roger comme pour lui ouvrir le chemin... Pour l'heure, elle s'est campée, en pays conquis, sur l'abdomen de son ami... Celui-ci garde le silence. J'ai envie de rire. J'ai peine à me retenir. Je ne voudrais pas que mon patient croie que je me moque de lui ! Mais il faut reconnaître que son attitude est des plus comiques. Le voici, soudain, tout entier paralysé par la présence de Julie. Je sens qu'il n'ose plus bouger. Il finit par vaguement sourire, et articule :

« C'est comme si c'était trop simple ! »

Il reste, encore un instant, raidi, puis constate :

« Le plaisir que je pourrais en tirer, je ne peux pas le laisser s'exprimer... Je crois que je ne me laisse pas aller, par peur de ne pas être satisfait de ce que je pourrais en retirer ! »

C'est la fin de la séance. Roger pousse gentiment la chatte

sur le divan avant de se relever. Il paraît tout songeur. Sur le pas de la porte, il me serre la main et dans un nouveau sourire, me déclare :

« Il est quand même extraordinaire, ce chat ! »

Quelques jours plus tard, il revient avec un rêve... de chat !

« En principe, précise-t-il d'un ton péremptoire, je ne rêve jamais de chat, pourtant ! »

Dans ce rêve, un enfant-chat, auquel lui, Roger, a fait cadeau d'une fourrure, se montre agressif, le griffe, le mord, et garde une dent accrochée au fil de son vêtement.

« Mais c'est lui qui a mal ! et non moi ! », conclut-il en faisant la moue...

Comme si l'enfant-chat gardait une dent contre lui, en quelque sorte, et en était bien malheureux !

Ce rêve est en lien, naturellement, avec le vécu de la séance précédente, où il a eu tant de difficulté à accepter de se laisser aller au plaisir d'accueillir l'animal et d'être touché par sa présence.

Mais surtout, à l'occasion de ce rêve suscité par le corps de Julie pesant sur le sien et lui diffusant la chaleur et la douceur de sa fourrure, s'est réactivé pour Roger un souvenir important de son enfance. Jusqu'ici, il n'avait pu que l'évoquer. Aujourd'hui, sa parole pour le redire est chargée d'affect. Il éprouve une grande libération à pouvoir revivre pleinement cette émotion dans son corps au fur et à mesure qu'elle se met en mots. Il peut reconnaître dans cet enfant-chat, le petit garçon agressif et jaloux qu'il demeure encore, tout au fond de lui : ce petit être archaïque garde une dent accrochée au vêtement qui le protège, parce qu'il n'a pas voulu se détacher d'un plaisir corporel, sexuel, qu'il tente inconsciemment de retrouver par tous les moyens, y compris les plus contraires à ce que lui dicte sa conscience morale, tant personnelle que sociale. La fourrure de Julie, par le contact particulier qu'elle lui a apporté, a permis à Roger de « voir » sous un jour nouveau le problème précis pour lequel il s'était décidé, après bien des hésitations, à entrer en analyse.

Depuis, Julie n'est pas retournée sur le corps de Roger. Elle continue à l'accueillir à son arrivée. Puis, discrète, va se promener ailleurs ; ou bien entre et se pelotonne sur le fauteuil, retournant à son sommeil. Elle a rempli son office de « déclencheur », et semble nous dire parfois, d'un air moqueur : « A vous de jouer maintenant ! »

Ce contact du corps bien fourré de Julie, avec toute la sensualité qu'il dégage, est souvent apprécié par mes patients, qui commentent abondamment les plaisirs et les appréhensions qu'il suscite.

Nous retrouvons Jean-François, qui, on s'en souvient, avait assisté à la dévoration d'un oiseau par la chatte, à côté du divan. Cette fois, l'animal est tout à fait calme. Sitôt le jeune homme installé, elle s'est précipitée auprès de lui, l'a reniflé longuement, de la pointe de ses cheveux jusqu'au bout de ses chaussures : Jean-François a lui-même un chat — dont il parle fréquemment ; c'est pour lui un compagnon important — Julie prend sans doute le temps de procéder à l'identification et à la reconnaissance de son congénère à travers les odeurs des habits de mon patient. Aujourd'hui, cela semble lui plaire. D'une patte prudente, elle tâte le ventre de Jean-François, décide que c'est assez confortable et, prenant ses aises, s'y enroule en bougonnant. Toutes ces opérations n'ont pas empêché son hôte du moment de me parler, comme si de rien n'était. Pourtant, le bougonnement de Julie attire son attention :

« Elle proteste ? Est-ce que j'ai bougé ? C'est un animal qui se trouve bien là où il est. Je sens son poids, sa chaleur... et même le son qu'elle a émis tout à l'heure ! Elle me témoigne de l'amitié... J'aime bien. Je suis assez content ! »

Il se tait quelques instants, puis reprend :

« Ce qui est bien, c'est que je puisse accueillir cet animal... Extrapolons : Ce qui me semblerait bien, ce serait d'accueillir quelqu'un, d'être en relation avec... C'est ce qui me manque : Je n'arrive pas à ressentir la même chose avec d'autres. »

De fait, Jean-François a de gros problèmes relationnels. Il lui est difficile, pour l'instant, de se décentrer suffisamment pour pouvoir s'ouvrir à un autre, différent de lui...

« Les chats ont l'air d'avoir une vie propre ! Ils ne sont pas à ma botte : s'ils veulent se sauver, ils se sauvent ! »

Il sait bien de quoi il parle ! Il y a quelque temps, son chat a fait une escapade, et a disparu pendant plus de huit jours. Il s'est senti responsable et coupable de ne l'avoir pas surveillé, pas suffisamment entouré... Il s'est, surtout, cru abandonné ! Au retour du fugueur, il ne se sentait plus de joie. Depuis, il vit dans l'inquiétude de le perdre à nouveau. Je le perçois qui parfois m'envie de la fidélité de Julie et de cette proximité physique qu'elle lui donne à vivre, l'espace d'une séance :

« Cette chatte est tellement proche de mon corps ! Avec les humains, il faut que j'aie un contact physique pour que je puisse communiquer. Il faut que je me fasse découvrir pour être accepté... mais ce contact physique n'est pas possible ! C'est dommage que ce ne soit pas possible de « se contacter », de se toucher entre gens, sans arrière-pensée ! En même temps, dans l'hypothèse d'une telle béatitude, moi-même, est-ce que je supporterais le contact ? Ce doit quand même être un contact très fort que je recherche, là ! »

Ses doigts effleurent le poil soyeux. La main s'est faite légère, aérienne. Julie émet une sorte de gémissement — de protestation ? de contentement ? Au choix !

« J'ai envie de la toucher encore, de la caresser. Je n'ose pas trop ! J'ai peur qu'elle se sauve ! Je me dis que je la traite un peu comme un objet... »

A la séance suivante, Julie, d'abord absente, entre en courant par la fenêtre ouverte. On la dirait mécontente d'être en retard. Elle reprend sa place sur le ventre qui l'attend :

« J'ai l'impression que c'est quelqu'un, cette chatte ! J'y accorde de l'importance. Je n'ose pas trop la caresser ! Je ne voudrais pas qu'elle s'en aille ! »

Jean-François reprend son discours là où l'arrivée intempestive de Julie l'avait interrompu : son impression d'être toujours « de trop », ses difficultés relationnelles, son rêve de « paquebot », et sa recherche des œufs de Pâques dans le beau jardin de son enfance qui, cependant, n'était « pas que beau »... ! Il parle, il parle. L'évocation de Pâques le ramène à Julie qui, maintenant, vient de s'accroupir sur lui, en position de « moine », pattes repliées, tête tournée vers lui et regard planté droit dans le sien. Jean-François est comme fasciné :

« Elle me regarde vraiment très droit ! Tout à fait dans

l'axe ! Cet animal qui avait amené un oiseau et qui l'avait croqué ! Je peux dire qu'elle a voulu m'aider, me montrer quelque chose ! Elle m'a montré que je pouvais m'appuyer sur quelque chose de réel qui se passait, pour comprendre autre chose d'intraduisible : Je parlais de mes grand-mère, tante, mère ; ces femmes étaient terribles telles que je les racontais et voilà que la chatte vient et croque un oiseau ! C'est comme des Pâques sanglantes ! »

Tandis qu'il parlait à petits mots pressés, Julie s'est mise à dodeliner de la tête ; puis s'est endormie, le nez dans ses pattes. Il constate, déçu :

« Elle ne me regarde plus ! »

A quelque temps de là, il est parti, avec son propre chat, rendre visite à sa mère. Son animal favori, dérangé dans ses habitudes, transplanté en un lieu inconnu, a disparu pendant plusieurs jours. A nouveau très inquiet à l'idée de devoir s'en séparer s'il ne le retrouvait pas à l'heure prévue pour son départ, il a fouillé la maison, de la cave au grenier, pour retrouver son compagnon. Il a fini par le dénicher, tapi dans un coin, bien à l'abri des regards et des mains. Il a dû user de tout son charme pour le convaincre de quitter sa retraite.

« J'ai eu très peur de le perdre ! », murmure-t-il.

Et je perçois, dans sa voix, toute l'émotion de l'avoir enfin retrouvé ! « D'ailleurs, m'avoue-t-il, il est là, dans la voiture », en attendant d'être rapatrié ! Que représente-t-il donc, ce chat si précieux ? Il m'explique alors, d'un timbre sourd, indigné, que sa mère lui a suggéré de le castrer, sous prétexte de le rendre plus docile, plus calme aussi, et plus casanier :

« C'est comme si elle voulait me castrer, moi, avec lui ! »

Ce chat, c'est un peu lui-même ! et c'est la vie, aussi.

Il revient, trois jours après. Julie est sur le rebord de la fenêtre et demande à entrer. Je l'ai vue trop tard, il faudrait me relever. Or, la séance est commencée. Je ne veux pas déranger Jean-François, et je feins de l'ignorer. C'est le jeune homme lui-même qui commence à l'évoquer : Il déplore la disparition de cette présence vivante à côté de lui ou sur lui. Il en éprouve un manque. Puis, il se soulève légèrement et l'aperçoit à travers les carreaux, qui voudrait bien entrer.

Je ne bronche pas : je ressens, aujourd'hui, quelque chose de l'ordre d'une distance qui se crée, et il me paraît plus important d'entendre, à travers ce petit événement, la parole en train de se dire, plutôt que d'accéder à la demande, formulée des deux côtés, que l'animal puisse entrer.

De fait, cette présence dans la distance, pour Jean-François qui a tant besoin de contact, est difficile à supporter. Mais cela l'oblige à parler, et à sentir la présence de Julie comme en creux à l'intérieur de lui. La chatte est bien présente ici, malgré l'absence, dans la distance. Cela le renvoie à deux choses. D'abord à sa mère, toujours présente, elle aussi, à l'intérieur de lui. Mais à distance. Non seulement aujourd'hui, mais déjà quand il était petit et qu'il a dû quitter le foyer pour aller en pension, loin de tous ceux qu'il aimait. Et puis, à l'intérieur de lui, dit-il, vit également une sorte de petit « mammifère sauvage », qu'il n'ose pas approcher car il pourrait avoir des réactions dangereuses... il faut d'abord l'apprivoiser, et y aller tout doucement pour ne pas l'effaroucher ; ne pas l'aborder de trop près... rester, là encore, « à distance ».

Cette notion de « distance », qui va de pair avec la reconnaissance de l'altérité, voilà quelque chose de nouveau pour Jean-François, sur quoi il va pouvoir travailler... Peu à peu, au fil des séances, et des absences de plus en plus fréquentes de Julie avec le retour du printemps et du soleil, Jean-François apprend à faire la différence entre son besoin très fusionnel de contact qui lui fait désirer la présence de l'autre comme celle d'un objet destiné à combler son manque ; et le désir véritable de l'autre en tant qu'autre, différent de lui et respecté dans son « étrangeté », ce qui implique un minimum de distance entre eux. Par contre, le petit « mammifère sauvage » à l'intérieur de lui, se laisse apprivoiser peu à peu à travers tout un jeu de cache-cache qui tend à réduire progressivement la distance d'avec son « moi conscient ». Mais tout cela prend du temps !

C'est un peu la même chose qui s'est jouée au cours d'une séance d'analyse de Louison. Celle-ci est une jolie jeune femme, très mignonne — une de celles dont on dit parfois qu'elles ont « tout pour plaire » : la beauté, l'intelligence, le charme... Elle le sait, et en profite effrontément, avec une apparente assurance. Mais cet aplomb cache un manque de confiance important. Louison se montre d'autant plus autoritaire et affirmative dans ses déclarations, que le doute l'envahit sur sa propre valeur et sur ses orientations. Ses amours sont difficiles et tumultueuses. Comment en serait-il autrement alors qu'elle a couché régulièrement de seize à vingt ans dans le lit de son père déserté par sa mère ! Frustrée d'amour et de contacts chaleureux de la part de sa mère, elle les a recherchés auprès de son géniteur...

Aujourd'hui, elle a rompu, une fois de plus, avec son amant, et se plaint amèrement de sa solitude. Julie, ce matin-là, est en mal de caresses elle aussi. Elle est venue se coucher en rond sur son giron. Louison lui effleure le poil et me dit :

« J'ai besoin de tendresse. J'ai envie d'appeler ma mère. Je voudrais être comme ça : comme le chat, dans ses bras... »

Elle cesse brusquement de caresser l'animal, qui dort, pelotonné, le nez dans sa queue enroulée. Louison hésite un moment puis se lance :

« Je sais ! J'ai toujours confondu le besoin de ma mère et le besoin des hommes ! Je crois que c'est là que tout s'est joué : Je lui ai demandé un peu de tendresse. Je n'en ai pas reçu ! Par contre, je lui en ai donné ! Mais comme elle n'a pas répondu, j'ai repris, et j'ai dit mon besoin à travers mon père. Ma mère a accusé mon père et m'a accusée de le séduire. Elle n'a pas compris que je lui disais à travers ça : j'ai besoin de toi ! »

J'écoute, en silence, toute cette violence, à peine contenue. Je me sens presque effrayée par l'intensité de l'exigence exprimée. Julie, quant à elle, demeure insensible à la virulence des propos formulés, et continue à sommeiller.

Soudain, Louison se met à crier :

« Je veux vous entendre ! »

Silence. Je reste médusée. Elle reprend, furieuse, intransigeante :

« J'ai besoin de vous entendre ! Que vous me disiez que je ne suis pas seule ! Que je ne me trompe pas ! »

« Comme vous avez dit ça ! »

Je me sens violentée par sa façon de demander, et je perçois la nécessité de le lui renvoyer.

Elle reprend :

« Oui ! J'ai envie de hurler ! J'ai l'impression que je vais éclater ! »

C'en est trop pour Julie. Brusquement, la voici dressée sur ses quatre pattes. Contrairement à ses habitudes, elle ne prend pas le temps de s'étirer et descend du divan avec précipitation.

Louison rugit :

« Comment faut-il le dire ? Je ne sais pas le dire autrement : Oui ! Je le hurlerais ! »

Soudain, elle se soulève pour observer la scène qui se déroule dans le secteur de la fenêtre. Celle-ci est fermée. L'énorme matou de l'impasse voisine a fait son apparition de l'autre côté des carreaux. Julie a sauté sur l'étagère au-dessous de la croisée. Les deux félins se font face... La chatte s'assied. Et minaude. Le chat fait de l'esbrouffe, dos rond, poil dressé... Je sens Louison très attentive.

Stupéfaction : le gros matou vient d'appliquer son postérieur contre la vitre et lance un énorme jet d'urine qui éclabousse en direction de Julie ! Celle-ci n'en paraît guère émue ! Moi je suis agacée : ce qui se disait était bien plus important à mes yeux que les exhibitions et parades amoureuses de cet importun ! Je suis furieuse. Voilà une occasion manquée de faire travailler Louison sur sa façon de demander !

J'ai tort... Louison hoquette de souffrance :

« Oui ! Je sais ! Je sais ! Je ne sais pas demander. »

Puis elle enchaîne :

« Ce qui vient de se passer avec le chat m'intéresse aussi ! C'était quelque chose, ce chat, là, sur moi. Je pouvais lui donner des réponses : le toucher, le caresser ! C'était physique... Et il a entendu autre chose, l'appel d'un autre chat, et il est parti. Moi, c'est pareil avec les hommes, j'ai besoin de contact, aussi. Quand ce contact se crée, c'est parce que j'en ai trop besoin... Le chat, il est indépendant, je ne peux pas le retenir. Il a sa vie. Je n'ai pas à m'accrocher... Mais mon besoin, il reste : sur tous les plans, celui du contact physique, et celui de l'échange ! »

La voix de Louison s'est radoucie. Maintenant, elle chuchote presque :

« Cette séparation du ventre de ma mère... Je n'ai pas eu

de chaleur. Moi, j'étais comme un petit chat dans ses jupes, le plus près possible, pour avoir le plus de chaleur possible. Mais : pas de réponse. »

La voici qui pleure, doucement, puis qui reprend :

« Oui. Je sais, je ne sais pas demander ! »

Elle sait... Elle ne sait pas... Alors, je peux parler. Me voici, maintenant, capable d'intervenir pour verbaliser ce qui, pour elle, vient de se passer :

La chatte est venue apporter à Louison sa présence, la chaleur de son corps, son ronron, tandis qu'elle exprimait sa souffrance. La chatte a donné, Louison a reçu.

Louison a donné, aussi : les caresses de ses mains, le creux de son giron : la chatte a reçu.

Puis la chatte s'en est allée, appelée par l'appel du matou. Cela n'empêche pas le lien de continuer à exister, dans la distance, et parce qu'il y a eu entre les deux parties une relation librement consentie.

Par contre, lorsque Louison me crie, dans sa violence : « Je VEUX vous entendre ! », elle me met dans l'impossibilité de lui donner ce qu'elle me demande. Elle exige, se place dans un rapport de force, sans aucune distance : je ne puis lui accorder une réponse librement consentie. Nul ne peut exprimer un signe d'affection ou d'amour sous la menace ! Elle a donc à faire ici, dans ce lieu de l'analyse, et très concrètement, l'apprentissage de la distance — dans l'espace, dans le temps, dans le degré de satisfaction — par rapport aux demandes qu'elle peut exprimer ; tout comme elle devra apprendre à formuler ses demandes à qui de droit, pour ne plus se tromper d'objet.

Louison n'a eu aucune peine à intégrer le fruit de la séance. Désormais, Julie est devenue son objet transitionnel favori. La jeune femme accepte, maintenant, de vivre les frustrations du moment, dont elle comprend le sens structurant. Au terme d'une séance particulièrement chaleureuse, qu'elle a vécu intensément, sur le pas de la porte, elle s'approche de moi brusquement et me dit :

« Je vous aime comme une maman ! Je peux vous embrasser ! »

Je la repousse doucement, lui souris :

« Pas comme ça. Dans la distance. »

Je lui serre la main longuement. Elle ferme les yeux. hoche la tête, avale sa salive et me dit, d'abord avec effort, et puis dans un sourire :

« Je comprends. C'est mieux ainsi. »

Et enfin :

« Vous êtes dure !... C'est la vie ! »

Quant à moi, je me sens profondément heureuse du chemin accompli. Julie y a pris une part importante. Je l'en remercie !

Pour en terminer avec ce chapitre concernant les leçons du corps de Julie, je ne peux résister au plaisir de rapporter une dernière anecdote :

Ma chatte, en cette fin d'après-midi d'hiver, a dormi tout son saoul. Elle se réveille, s'étire, puis quittant son fauteuil, grimpe nonchalamment à côté de moi, pour s'intaller sur la couverture, derrière la tête de Claudine dont la séance touche à son terme. Elle ronronne bruyamment, par à-coups, en des sortes de vagues successives. Claudine se relève, reste un instant assise sur le divan, puis se tournant vers Julie, s'écrie :

« Assise ! Elle ronronne assise ! Mais alors, elle a du plaisir ! C'en est presque insolent ! »

Il faut dire que la séance a été difficile. Elle la considère un instant, puis reprend :

« Son ronron me dérange si je ne prends pas conscience que c'est du plaisir... Mais si je prends conscience que c'est sa façon d'exprimer son plaisir, alors oui, ce n'est pas dérangeant ; je peux entrer dans son rythme, qui n'est pas forcément le mien ! »

Claudine éclate d'un rire sonore. Julie continue de plus belle et lui fait les yeux doux ! Tandis qu'elle relace ses chaussures, la jeune fille conclut :

« Non ! ça ne me donne pas envie de partir ! Elle (la chatte) reste bien au chaud, et avec son plaisir ! et moi... dehors, il fait froid, et je suis obligée de partir ! »

Eh oui, Claudine ! Il a bien fallu partir ! Mais cela s'est fait dans la bonne humeur. Vous avez pu accepter, avec beaucoup d'humour, que la chatte puisse jouir du plaisir auquel vous deviez renoncer, et qu'elle puisse le manifester. Vous avez pu consentir à vous séparer alors qu'elle restait. Vous avez reconnu son altérité. Vous avez pu entrer dans son rythme qui n'était pas le vôtre, et vous l'avez respecté, malgré le caractère provoquant qu'il affichait au regard des paroles qui l'avaient précédé tout au long de votre séance.

La chatte a été l'occasion pour vous de vous affirmer dans votre maturité et de poser en acte un peu de ce que vous aviez évoqué quelques minutes plus tôt. Ce fut un moment plaisant, pour vous, pour moi, et... pour Julie aussi !

Les Chatteries de Julie

Mais oui, mais oui ! J'ai du plaisir moi aussi ! Je te l'ai déjà dit. Faut-il y revenir ?

Je ne vois pas grand-chose à ajouter à ce que tu viens de raconter.

Sinon que j'ai été très touchée, moi aussi, par la chanson de Pauline. Le nez dans son gilet, je faisais mine de dormir. Mais j'écoutais, ravie, le timbre clair de sa voix : mes oreilles en frissonnaient de bonheur. Elle fredonnait, sans s'en douter, des paroles que j'aurais tant voulu entendre quand ma maman à moi est partie, et que je me suis vue abandonnée. Sauf que je n'étais pas dans un panier. Mais sur un coin de rue glacial où de gros chiens sont venus m'importuner. Je me suis sentie émue comme si ce chant m'était adressé. Alors, pour remercier Pauline, j'ai pétri longuement son lainage afin de bien l'imprégner de mon odeur sauvage. Elle t'a dit qu'elle avait le nez bouché ? Ne sois pas dupe : elle est comme les petits enfants — animaux et humains : elle fonctionne à l'instinct. Ce qui prime chez elle, ce sont les couleurs, les odeurs, les sensations qui s'inscrivent en son corps. C'est pourquoi je l'aime bien. Même si elle me bouscule parfois. Elle est bruyante et imprévue. Mais elle ressent les choses. Elle ne sait guère les dire, sinon avec ses mains. Je suis bien placée pour en témoigner, puisque je joue, auprès d'elle, le rôle du chat-peau de la mère symbolique qu'elle est venue chercher auprès de toi ! Elle ne cesse donc de me toucher, caresser, triturer... à moins qu'elle ne m'envoie valdinguer avec ses tirs de coussins sur l'échine ! Je m'y suis habituée. Les séances sont parfois mouvementées. Il m'arrive encore d'être déconcertée. Mais dans l'ensemble, Pauline et moi sommes réconciliées. Son cœur est ouvert et il a beaucoup souffert. Comment ne pas l'aimer ?

Quant à Roger... malgré les apparences, mon rapport à lui n'est guère différent. Pauline et lui ont en commun de se conduire en fonction de leurs sensations. Pauline, parce que tel est son tempérament. Elle n'a jamais su faire autrement. Roger, c'est par obligation : son handicap est tel qu'il est dans la nécessité de vivre la proximité du contact physique, pour entrer en relation, lorsque l'ouïe n'y suffit pas. Tu as remarqué que j'étais bavarde en sa compagnie ? Oui ! Bien sûr ! Je n'ai, pour me faire connaître de lui, que la ressource de miauler, ronronner, lui parler à ma façon ; et aussi, me frotter à ses jambes, en évitant ce bâton qu'il brandit en avant pour dénicher les obstacles et délimiter l'espace dans lequel il se déplace. Ses gestes aussi sont brusques. Mais pas pour la même raison que chez Pauline. Ils ont cette raideur qui indique une retenue, une peur de se laisser aller : C'est parce que je perçois en lui ce barrage opposé à l'énergie dont il appréhende la violence, que je m'attarde si souvent auprès de lui. Seul avec moi dans le jardin où je précède ses pas maladroits, il ose parfois se risquer à des mots pleins de tendresse, dont je ne trahirai pas le secret. Mais lorsque je vais m'asseoir près de lui sur le divan, il a malheureusement retrouvé toute sa réserve. Il est tendu, comme électrisé ; il n'ose pas bouger. Toutefois, moi qui suis au plus près de son corps, je puis t'assurer que c'est la révolution à l'intérieur : ça bouge ! ça dégage beaucoup de chaleur et d'odeur. Ça me parle, à travers cette fourrure qui l'a fait remonter si loin dans ses souvenirs. Le « gros dur » qu'il cherche à paraître et qui t'a fait si peur la première fois que tu l'as vu, s'est révélé être un tendre méconnu. Tu ne t'y étais pas trompée, puisque tu avais accepté de le recevoir malgré son aspect peu engageant.

J'aime beaucoup Roger. Parce qu'il est vrai. Il n'a jamais triché avec toi. Je peux le certifier.

J'ai un moyen infaillible pour détecter le mensonge. Par exemple, il est fréquent chez Louison. Mais tu t'en aperçois aussi bien que moi, à ce qu'il semble ! Peux-tu, cependant, avoir les mêmes critères que moi ? Voici comment je m'y prends. C'est tout simple : Quand Louison triche, cela déclenche en elle un tel état de mal-être qu'elle essaye de se rassurer en bandant tous les muscles de son corps. Je le perçois à distance, au timbre et à la couleur de sa voix qui devient agressive, âpre, tranchante ; mais qui, pourtant, laisse entendre une légère fêlure ; c'est le contraste entre cette fêlure et l'autorité avec laquelle les mots sont prononcés, qui me met en alerte. Je crois que sur ce point, je ne t'apprends rien, car ton oreille exercée ne laisse guère passer inaperçu ce genre de dissonance. Il est des cas, néanmoins, où Louison maîtrise si bien le souffle qui fait vibrer ses cordes vocales que rien ne filtre à ce niveau-là du divorce qui l'habite. Je le ressens pourtant. A certaines vibrations dégagées par son corps. Je me trompe rarement. Toi aussi d'ailleurs. Mais tu mets plus longtemps pour t'en apercevoir et dénoncer la supercherie. Louison a ceci de sympathique : elle est foncièrement honnête, et reconnaît aisément les vilains tours qu'elle se joue à elle-même quand elle te ment. Car lorsque ça arrive, elle ne s'en rend compte que tardivement. Je t'aide de mon mieux à être vigilante pour elle, en maugréant parfois ou en m'éloignant d'elle.

Pour ce qui est de son apprentissage de la demande... je me garderai bien de me prononcer. Je crains de n'être qu'un piètre modèle pour tes patients. J'ai le mérite de la candeur dans mes requêtes. Elles sont directes. Mais la patience et le renoncement ne sont guère mon fort. Tu es souvent excédée par les miaulements intempestifs dont je te poursuis lorsque tu me refuses quelque chose : nourriture ou porte ouverte sur l'extérieur, ou encore... tes genoux ! Je n'ai de cesse que tu m'aies donné satisfaction. Je ne supporte pas la frustration. Il est vrai que mes besoins sont élémentaires. Tout de même... Quand je suis en manque de câlins et que tu me les refuses sous prétexte d'autres occupations, je ne l'apprécie guère. Je finis, bien sûr, par me lasser. Mais c'est avec tristesse. Il est vrai que je te rends la pareille : Tu voudrais me caresser, me bichonner. Et ce n'est pas mon heure. Je préfère aller batifoler. Tu restes là, avec ta frustration. Et tu me traites de tous les noms ! Si tes patients te voyaient dans ces moments-là, ils diraient que tu as bien du toupet de parler ou de te comporter comme tu le fais dans le silence de ton cabinet pour les acheminer vers des demandes plus élaborées, alors que tu supportes toi-même si mal les privations d'affection que je t'impose !

Tu es simplement humaine, c'est vrai ! et avec moi, tu te laisses aller à régresser un peu comme une enfant avec son jouet ! Mais je te rends cette justice : Jamais tu ne me traites en objet inanimé. En définitive, tu peux être en colère contre moi. Certes. Mais tu respectes profondément ma liberté de mouvements et lorsque tu m'empêches de sortir, je crois que c'est toujours à bon escient. Ou presque !

Mais revenons à Jean-François. Je reconnais bien, sur lui, l'odeur de son compagnon de vie : celle d'un matou un peu sauvage qui doit se repaître de souris lors de ses escapades. Est-ce en raison de ces dernières que cet homme a tellement peur que je m'en aille ? Il ose à peine me toucher lors de ses caresses aériennes. En fait, il se comporte avec moi comme il dit le faire avec les femmes, et les effets en sont les mêmes : il en devient exaspérant à force de frôlements ! Ça me donne l'envie irrésistible de prendre la poudre d'escampette ! Je préfère tellement les empoignades bourrues, et ces mains charnues qui fouillent mon poil avec sensualité ! Avec lui, je dois me cramponner pour rester et je pousse souvent la gentillesse jusqu'à lui offrir mon ventre pour l'inciter à plus de hardiesse dans la caresse. Il est trop timoré, décidément. Depuis quelques temps, pourtant, il fait de légers progrès.

Quant à Claudine, enfin... j'apprécie en connaisseur la puissance de son instinct. Sa présence irradie une énergie, un amour de la vie que sa voix chaude et sonore nous renvoie en écho. C'est une belle plante sur qui j'aime grimper pour me nicher au creux de son épaule. J'y perçois les senteurs fraîches d'une sève qui court comme un ruisseau sous sa peau brune. Son accent rocailleux et son rire en grelots ravissent mes oreilles ! Comment ne pas faire ronron — même assise — devant une joie de vivre pareille !

Dis, maîtresse, quand vas-tu enfin te décider à parler de ma meilleure amie ?

Julie a une amie...

Ma chatte se montre impatiente de vous présenter la relation qui s'est nouée entre elle et son amie Cécile. C'est une belle histoire. J'ose à peine la raconter. Je ne puis le faire que sur la pointe des pieds, tant cela touche à leur intimité. Mais toutes deux m'y ont autorisée. Je ne vais donc pas me faire prier davantage.

Le lien s'est tissé subrepticement, sans que j'y prête vraiment attention. Cécile venait à sa séance. Julie était presque toujours présente. Cécile quittait son vêtement, le posant sur son fauteuil. Julie la surveillait du coin de l'œil. Cécile, d'un bond vif et nerveux, s'accroupissait un instant devant la chatte qui dormait là, sur l'autre siège, et qui lui présentait son ventre, anticipant la caresse. La jeune femme y enfouissait rapidement son visage, se relevait aussitôt, puis allait prendre place sur le divan sur lequel elle s'asseyait en travers. La séance finie, elle reprenait son vêtement, puis à nouveau baissée à la hauteur de l'animal, lui déposait un bisou sur le nez. Elle pouvait alors s'en aller, non sans m'avoir broyé la main d'une poigne rude et crispée — tout comme à son arrivée. Le rite s'était établi, immuable. Je le notai, à part moi, un tantinet amusée. Je percevais, aussi, confusément, l'importance de ces comportements. Le visage de Cécile était éloquent lorsqu'elle se relevait après l'avoir plongé un instant dans la fourrure odorante de Julie. Le plus souvent, elle y puisait un sourire, comme à une source de vie régénérante. Ses gestes, d'ordinaire un peu trop brusques, en étaient assouplis quelques secondes. Et moi j'étais contente : ma patiente et ma chatte s'appréciaient mutuellement. Cela ne faisait aucun doute. Je ne ressentais aucun besoin de le parler. Le moment n'en était pas encore venu. Je n'y voyais aucune nécessité.

Et puis, un jour de septembre, Julie a manqué le rendez-vous. Peut-être était-elle à la chasse, ce matin-là ? Cécile marqua le coup. Je n'ai pas compris tout de suite. Je n'y avais pas pris garde. Je sentais seulement qu'il y avait comme un malaise qui pesait, quelque chose qui manquait, je n'aurais su dire quoi. Sur le moment, je l'ai mis sur le compte de l'état de délabrement physique de ma patiente. Elle avait passé la nuit à se tordre de douleur en proie à une de ces prétendues « crises de foie » dont elle est coutumière, et ce matin-là, elle tenait à peine sur ses jambes. La séance fut difficile : Cécile est en train de vivre une séparation douloureuse, dont elle perçoit la nécessité — sous peine de « se faire bouffer » — mais à laquelle, pourtant, elle ne peut se résigner. Elle me dit combien ce lieu de vie qu'elle a choisi, vieille ferme isolée dans la montagne, constitue pour elle un repère sûr, stable, auquel elle peut se raccrocher ; mais aussi un repaire, refuge, trou, au fond duquel elle se terre comme un animal blessé...

La séance touche à son terme. D'un seul coup, elle me regarde droit dans les yeux, et d'une voix contenue, que je sens lourde de reproches, me déclare :

« Votre chat n'est pas là et je le sais depuis le début de la séance ! C'est important. C'est comme s'il manquait quelqu'un. Il est quelque chose d'apaisant : quand il est là, il dort, tout va bien ! »

Précisément, aujourd'hui, tout va mal pour elle. Et lorsqu'elle me quitte, elle me dit que ces trois quarts d'heure l'ont épuisée.

Elle revient, deux jours plus tard, avec un rêve : Sa voisine — nommée pour la circonstance du même prénom qu'elle — avorte ? ou accouche ? d'un chat vivant, et d'un fœtus dont le cœur bat mais qui est trop prématuré et « idiot » : elle le noie, parce que, dit-elle, il n'est pas viable.

Elle me raconte, alors, qu'elle vient de récupérer, à la ferme, un bébé-chat abandonné par sa mère. Elle l'a nourri à la seringue et espère bien pouvoir le garder.

Par contre, dans son histoire actuelle, elle se ressent comme en train d'accoucher de la personne dont elle voudrait se séparer. L'enfant symbolique qui aurait pu naître de leur union n'est pas viable. Elle perçoit plus que jamais la nécessité de leur rupture, mais ni son partenaire ni elle-même ne s'y reconnaissent prêts.

« Ce qui n'est pas viable, c'est ma relation avec X. »

Et elle ajoute :

« Je ne comprends rien à tout cela, ni même à ce que je vous dis. Mais en tout cas, ça parle à l'intérieur de moi ! »

En me quittant, elle s'attarde longuement, aujourd'hui, auprès de Julie. Elle lui chuchote quelques mots à l'oreille... L'animal gardera bien le secret. Cécile ne court aucun danger d'être trahie !

En attendant, elle a choisi de privilégier la vie. Le petit chat adopté s'appellera Charles Ubu ! Il est un peu indépendant et sauvageon, mais c'est un compagnon précieux pour Cécile qui, me dit-elle, noue avec lui de longues conversations.

Ainsi, au fil des jours, évolue la psychothérapie de Cécile. Avec ses déchirements, ses retours en arrière et ses marches en avant. Les mois passent. C'est maintenant l'hiver. Il est rude et glacial, surtout dans la montagne où ma patiente a choisi d'installer ses pénates. Sa vie y est adoucie par l'arrivée d'un nouveau venu : un petit chat noir, recueilli comme le premier avec beaucoup de compassion par le cœur tendre et douloureux de Cécile. En ce jour de décembre, elle me confie :

« Hier, j'ai regardé les chats. Charles Ubu a fini par accepter de ne plus être jaloux. Il consent à la présence de l'autre : ils dorment ensemble, ils jouent ensemble, ils s'enroulent ensemble ! Je trouve ça phénoménal ! Lui, il a accepté ! »

Elle se rembrunit. Et poursuit, la mine renfrognée :

« Et moi, je n'accepte pas ! Et je suis en colère comme il a pu l'être ! Parfois, j'ai envie de mordre tout le monde. »

Elle a des envies de mordre, elle, l'ancienne anorexique, dont le cœur a toujours été mordu par la jalousie à l'égard de cette sœur puînée qui avait tout pour elle : l'intelligence, la beauté, les talents artistiques tellement enviés, l'admiration des parents, qui tournait à la vénération — tandis qu'elle, Cécile, se sentait méjugée, reléguée au second plan, utilisée par les parents pour des tâches qui ne l'intéressaient pas. Oui, la

« morsure » du cœur rongé par la rancœur, elle connaît ! Est-ce par peur d'y succomber qu'elle n'a plus rien voulu manger pendant de longues années ? Toujours est-il qu'aujourd'hui, en caressant Julie, puis pensant à ses chats, la voici interpellée : ne doit-elle pas accepter de partager à son tour ?

« Etre dans l'acceptation, c'est être à l'opposé de tout ce que j'étais avant ! C'est l'autre face, carrément, quoi ! On retourne ! s'exclame-t-elle, avant de protester :

Mais ça ne peut pas être la révolution du jour au lendemain ! Ce n'est pas possible ! »

Ce qui suit, alors, me laisse sans voix, tant je suis surprise :

« Donc, maintenant, j'ai deux chats. J'ai envie d'écrire un livre pour les enfants. Ce serait l'histoire d'un superbe chat, pas malade du tout, sans problème, qui vivrait tout seul avec sa maîtresse. Il voit arriver dans sa cour un autre petit chat noir, qui cherche un plan pour se faire prendre en charge, lui aussi. Charles Ubu lui dirait : « Tu n'as qu'à tousser un peu, et la mémé, là, elle va s'apitoyer ! », et puis... »

Cécile n'est plus ici ! Elle est déjà partie, en esprit, dans l'écriture de son récit.

Moi je suis médusée : j'ai pris, moi-même, hier, la décision d'écrire ce livre que je suis en train de rédiger sur le rôle de Julie dans les thérapies que je conduis auprès de mes patients ! J'ai même commencé ; j'ai déjà noirci quelques pages, c'est bien amorcé ! Et voici que Cécile m'annonce d'un air tranquille son projet de se livrer, en somme, à un travail analogue ; à partir de l'observation de ses propres chats... !

Je m'interroge : Qu'est-ce qui a bien pu transpirer de mon projet, dans mes paroles ou dans mes gestes ? Ma première réaction est toujours de chercher une explication rationnelle ! Mais je dois me rendre à l'évidence : Aucun signe extérieur n'a pu révéler mes intentions en ce domaine. Nous sommes en présence d'une communication typique des inconscients entre eux. Mon propre cheminement personnel sur ce point a dû rencontrer quelque chose du sien et réveiller en écho un besoin de recourir à ce moyen des mots rassemblés en images, pour exprimer un sens encore caché à ses yeux, mais qui se révèlera peu à peu...

Je ne dis rien, naturellement, de mon étonnement. J'encourage vivement Cécile dans son entreprise. Elle paraît un peu surprise d'être ainsi prise au sérieux, et que l'on croie à ses possibilités. Elle n'a guère l'habitude. Et puis, les mots, le langage articulé, ce n'est pas un moyen d'expression privilégié pour elle, qui a davantage coutume de recourir à la musique instrumentale, plus fluide, moins distancée, pour se dire dans sa sensibilité. Néanmoins, c'est bien d'écrire un conte qu'elle a eu l'idée !

La semaine suivante, elle apporte un rêve dans lequel l'une de ses amies, enceinte, a accouché. Mais l'enfant n'est pas là et la mère est délabrée, dans une grande détresse physique, comme si elle allait mourir. Cette jeune accouchée demande à Cécile de la prendre dans ses bras...

J'observe, émerveillée, Julie qui vient de se coucher entre les jambes écartées de la jeune femme... comme un petit nouveau-né ! Faut-il n'y voir que synchronicité ? On dirait que ma chatte a la spécialité de ce comportement, chaque fois qu'une femme parle d'accouchement ! Aujourd'hui, elle prend la place du bébé absent !

Pour l'heure, Cécile est mal en point. Elle se plaint d'être « perdue » ; ici est son seul repère ; avec son lieu de vie, animé par Charles Ubu et Ubu, son frère d'adoption. En réalité, la jeune femme est en train de lâcher prise, de renoncer à la maîtrise qu'elle exerçait jusqu'ici sur tout ce qui la concernait. Du coup, elle se sent décontenancée, perturbée, et a l'impression de « ne pas avancer ». Elle vient de prendre un congé de maladie.

Parallèlement, elle m'apporte sa production : un petit conte, très mignon, retraçant l'arrivée d'Ubu à la maison ; elle y exprime, à cette occasion, sa propre jalousie, et aussi les moyens pour elle d'en sortir : le recours à l'humour, l'ouverture à l'amour... Elle esquisse un sourire. Nous tenons le bon bout, comme on dit !

Quelques jours plus tard, après avoir, comme à l'accoutumée, caressé Julie et l'avoir gratifiée du bisou sur le nez, elle s'installe sur le divan, l'œil brillant. Elle me fait part de son envie d'écrire une œuvre commune avec son ami : une sorte de mini-opéra, dont ils composeraient le texte ensemble, et qu'elle mettrait en musique... Ce conte musical paraît déjà bien élaboré dans son esprit : les protagonistes en seront, bien sûr, ses deux chats noirs, et aussi le chat tout blanc de la voisine. Ils se comporteront en parallèle avec les touches noires et blanches du piano ! Malgré ses dires, les mots ne semblent pas constituer un « casse-tête » insurmontable pour elle. Quant à la musique, voilà une bonne occasion de renouer avec cette sœur si douée qu'elle jalousait : Celle-ci va l'aider à mettre en harmonie la mélodie qu'elle a créée ! Décidément, les chats favorisent sa créativité sur tous les plans ! Aussitôt dit, aussitôt fait. Quelques jours plus tard, elle m'apporte une cassette avec l'enregistrement sonore au synthétiseur... Julie et moi nous écoutons, ravies, la bande orchestrée de l'opéra des trois chats en folie !

Cécile, peu à peu, acquiert confiance en elle. Elle a pris contact avec une amie dessinatrice, qu'elle a chargée d'illustrer ses histoires. Celle-ci, vivement intéressée, l'a encouragée à écrire à nouveau, afin de rédiger un ensemble de contes pour enfants qu'elle se chargera de présenter à une maison d'édition. Cécile n'y croit guère. Mais elle a pris goût à ce travail de l'imagination. Dès qu'une histoire est finie, une autre jaillit dans son esprit. Elle m'en raconte la trame, puis l'enrichit au fur et à mesure de son récit... Ce faisant, et sans s'en rendre compte, elle métabolise en énergie vivante les divers ingrédients en présence dans la cuisine alchimique qu'est ce lieu de la thérapie.

Et Julie dans tout ça ?

Elle demeure, en silence, au cœur de cette évolution. Par sa seule présence, qui ne va pas toujours de soi !

Un jour, Cécile trouve Julie à sa place sur le divan. Couchée, endormie, tout contre l'oreiller. Cécile la prend délicatement, lui murmure des mots tendres, et la dépose sur le tapis réservé aux pieds, au bas du canapé. La chatte, dérangée, n'a pas l'air d'apprécier. Entêtée, comme on le sait, la voici qui se redresse, pour retourner d'où elle venait. Trop tard ! La place est prise ! Julie hésite ; puis se décide, et s'achemine résolument vers moi. Elle grimpe sur mes genoux, cherche sa place longuement, puis s'enroule le nez dans sa queue. Je laisse faire. Cécile, assise en travers du divan, observe la scène d'un air mécontent. Je la sens contrariée. Julie ronronne bruyamment. Cécile finit par verbaliser :

« Je regrette qu'elle soit partie ! Il y a de la place pour deux ! J'aime bien quand elle est avec moi ! »

Pendant toute la durée de la séance, son regard ne quittera pas l'animal qui reste imperturbable sous le feu de ses prunelles de braise. Je suis consciente qu'il se joue là quelque chose d'important. Il est rare que Julie demande à venir sur moi lorsque je suis avec mes patients. Lorsque par extraordinaire cela se produit, je refuse d'être ainsi investie par la chatte que je renvoie par terre où elle se cherche un autre point d'attache. Ce jour-là, pourtant, j'accepte ce qui se passe. Je le perçois comme signifiant de quelque chose qui m'échappe pour l'instant.

La fois suivante, Cécile revient, très fatiguée, bouleversée par un événement dramatique concernant une personne qu'elle aime bien. Julie rejoue exactement le même scénario que deux jours avant. D'abord sur le divan, dérangée par la jeune femme qui s'installe, elle vient, en maugréant, prendre place dans mon giron où elle pianote en ronronnant sur mon pantalon ! Cécile me raconte alors un rêve de chatons :

« Des petits chatons ! il y en avait beaucoup ! beaucoup ! Je devais en assurer la garde. C'était gentil comme image ! »

Elle enchaîne sur la constatation que c'est aujourd'hui son anniversaire. Puis, lorgnant Julie, me dit :

« Ce qui est sûr, c'est que ces deux dernières séances, je suis arrivée ici fatiguée, « dispersée » ; du coup, il n'y a pas de lien possible... Votre chatte vous sent donc disponible pour elle quelque part. Quand je suis ainsi, hors de moi, je ne suis pas reliée... »

Julie semble écouter, et soudain frémit des oreilles. Son moulinet de gorge s'est arrêté. La tête tournée vers ma patiente, elle plisse ses yeux en amande, puis se lève dans l'instant, et passe de mes genoux au divan. Elle le pétrit avec volupté avant de se coucher carrément sur les cuisses de Cécile.

Celle-ci est immobile. Son visage s'est éclairé. Elle commente, quand même un peu étonnée :

« Ce serait bien d'avoir une perception des choses comme en ont les chats ! »

Elle savoure en silence. Puis conclut :

« Là, on n'est pas mal ! Je ne me sens pas mal ! et je ne la sens pas mal non plus ! »

Julie la regarde ! On dirait qu'elle comprend ! C'est saisissant !

Cécile n'y tient plus, éclate de rire :

« Bon ! dit-elle. Ce n'est pas la peine que je continue ! Maintenant, nous sommes reliées ! »

La séance s'achève. Il faut se relever, déranger Julie... Cécile n'en a pas envie. Elle s'y résout à contre-cœur :

« Il y a quand même une chose que votre chatte ne comprend pas : c'est quand la séance est finie ! Elle resterait bien là, elle aussi ! », dit-elle dans un soupir.

Durant quelque temps, Julie se fait tirer l'oreille pour venir « travailler » pendant les horaires de Cécile. Nous sommes pourtant en janvier : le froid la fait rentrer, sitôt ses « besoins » accomplis. Et elle apprécie la compagnie. Alors que se passe-t-il ? Cécile se plaint :

« Le chat n'est pas là aujourd'hui ? Quand il n'est pas là, il manque quelqu'un ! Je le sens tout de suite : il manque quelqu'un ! »

En même temps, elle a la sensation d'être un zombie... C'est une souffrance pour elle que de se sentir ainsi coupée de la réalité. Elle se perçoit comme dédoublée : une partie d'elle assure le quotidien, bien adaptée ; tandis qu'une autre partie, plus distancée, décolle des situations présentes, trop prosaïques et difficiles à supporter. Je ressens la nécessité de la ramener à des plaisirs bien concrets, capables de la remettre dans son corps. Elle évoque alors les bonheurs fugitifs éprouvés lorsque, les jours de congé, elle peut se promener dans la campagne, babiller avec le ruisseau qu'elle accompagne dans ses méandres pour remonter jusqu'à sa source ; se rouler dans l'herbe, écouter les oiseaux, guetter le chant du vent dans les arbres, toucher la terre parfumée et s'y sentir enracinée ; mais aussi, jouer de son instrument...

Je suis étonnée : elle ne fait aucune allusion à ses chats, ni à son travail de création à leurs propos. Pourtant, elle en est à son quatrième conte, et la portée symbolique de ce dernier en dit long sur son évolution qui me paraît très positive malgré les apparences.

Tandis qu'elle m'expose tout cela, Julie, dehors, s'accroche à la moustiquaire et demande à entrer. Cécile la voit, s'esclaffe :

« Ah oui ! Je n'y avais pas pensé ! Je peux m'occuper de mes chats ! »

Je l'invite à détailler : leur donner à manger, les observer, les caresser, voir leurs jalousies, leurs endroits de prédilection, etc.

Julie insiste, elle veut entrer et miaule bruyamment. Le visage de Cécile m'interroge. Je dis :

« Si vous voulez... »

La jeune femme, ravie, ouvre rapidement la fenêtre, puis reprend place, assise sur le divan. La chatte l'y rejoint, se blottit près d'elle et ronronne très fort en pétrissant l'étoffe de contentement. Cécile la caresse doucement.

Au bout de quelques instants, Julie la quitte et vient sur moi où elle se couche en rond, ronronnant de plus belle.

Cécile rougit, en proie à une violente émotion. Ses yeux sont pleins de larmes. Je lui demande si elle comprend ce qui se passe :

« Je ne sais pas, dit-elle. Je suis très déçue. Je ne tiens pas le lien dans une relation... Je ne tiens pas assez ma place ! »

Sa souffrance me fait mal. La présence de Julie sur mes genoux me brûle, devient insupportable. Je la prends et la renvoie doucement sur le divan en direction de Cécile. La bête, docile, s'approche d'elle, monte sur ses genoux, puis... les traverse et poursuit sa route, pour aller se poser plus loin, sur la couverture où elle se tasse, pattes repliées, yeux bien ouverts, regard fixé sur la jeune femme qui l'observe.

Celle-ci soupire :

« Oui, je comprends... Pourtant, j'avais l'impression d'être bien là ! »

Il me semble important de lui renvoyer ce que je sens, moi : Julie choisit la vie, et elle, Cécile, n'en veut pas. Julie ne s'y trompe pas ! Cécile refuse de composer avec les contraintes de la réalité. Elle s'obstine à fonctionner en « tout ou rien », et préfère se couper des énergies vivantes plutôt que d'accepter des compromis. Son besoin d'absolu est en réalité une fuite, et elle le sait bien : Charles Ubu, dans sa dernière histoire, ne s'est-il pas enfui, avec la complicité des hirondelles, sur une terre lointaine dont il ne sait plus comment revenir ?... Cécile sourit à Julie. La séance est finie. Cécile me rompt les doigts en les serrant et s'en va... Julie la suit pas à pas, et l'accompagne dehors ! Cécile s'esclaffe, encore une fois !

Ainsi, de séance en séance, le lien se tisse entre nous trois. Cécile apprend à tenir sa place, et se montre attentive aux humeurs de Julie qui lui renvoie sans ambages, et comme en miroir, l'image de ses attitudes inconscientes. Elle aime toucher l'animal et le caresser, et m'a souvent signifié qu'à défaut de pouvoir me toucher moi-même — c'est un thème qui revient souvent dans ses rêves — elle se satisfait par chatte interposée.

Quant à moi, je suis « touchée » à ma manière par cette relation que je n'hésite pas à qualifier d'« amitié » entre les deux protagonistes, au risque de me faire taxer d'anthropomorphisme bêtifiant ! Je ne peux nier que le comportement de Julie est particulièrement adapté aux faits et gestes de ma patiente, et surtout à ses ressentis et attitudes intérieures. Comment l'expliquer ? Je ne sais. Mais je suis émue, c'est vrai, par tout ce qui se vit dans cette psychothérapie, par l'intermédiaire de Julie.

Je laisserai, pour finir, la plume à Cécile. Il y a quelques semaines à peine, elle m'a apporté, comme un cadeau, une feuille de papier manuscrite. J'ai eu du mal à déchiffrer, tant l'écriture était petite. C'était un récit de Julie, que Cécile avait retranscrit. Le voici :

« Une petite dame vient trois fois par semaine, nous rendre visite ; enfin, c'est plutôt à ma maîtresse, parce que moi, je ne suis pas toujours là, j'ai d'autres occupations et il faudrait bien qu'elle le comprenne un jour...

« Heureusement qu'elle ne me serre pas la pince, car d'après ce que j'ai compris, elle broie régulièrement les doigts de ma maîtresse. Et je ne comprends pas bien, car elle fait parfois des caresses toutes douces ; bon, c'est vrai, qui ne durent jamais longtemps. Elle a peur de me déranger, elle ne me suit pas toujours très bien.

« Il y a des jours où je suis obligée de fuir, tellement le bruit de la machine infernale là-haut [dans sa tête] est insupportable pour moi. J'adore les jours où la machine est cassée ; je m'installe sur elle et me laisse aller aux vibrations de sa voix.

« Elle téléphone de temps en temps ; moi je m'en fiche un peu, j'ai d'autres choses à faire que de répondre au téléphone !

« Je ne comprends pas toujours le sens de ses histoires ; il y en a une qui se passe dans le grenier ; moi j'aime mieux les aventures dans les caves. Et puis dans la dernière, elle n'arrive pas à faire revenir son chat qui est en Afrique ; j'aimerais pourtant bien le connaître ce drôle de chat à qui il arrive tant d'aventures fabuleuses !

« Chut ! la voilà... Hou la la, ça n'a pas l'air d'aller aujourd'hui. J'ai bien envie de lui dire de faire comme moi ; c'est facile la vie, c'est dans le sens du poil ! et elle n'a pas compris le sens.

« Allez, Salut ! A la prochaine. »

Commentaire de Julie

Cécile m'a déjà prêté sa plume... Qu'ajouter de plus ! Sinon que je suis émue, quand elle se penche vers moi pour susurrer des chuchotis très doux au creux de mon cou. Je m'efforce le plus souvent d'être fidèle à ses rendez-vous. Je m'y sens attendue. J'apprécie le rite d'entrée et le rite de sortie : Accroupie devant moi, Cécile a des douceurs inattendues. Parfois, je sens sous ses doigts fébriles, qui s'assouplissent pour me caresser, cette odeur si caractéristique que présentent tes patients angoissés. Alors je diffuse pour elle ma chanson grasseyante, et lui offre mon ventre : elle y enfouit sa tête, oppressée. Point n'est besoin, pour elle, de me dire ses secrets ! Je ne saurais les interpréter et elle a déjà assez de mal à te parler. Tu t'imagines qu'elle vient me les raconter ? Je me contente de deviner ses chagrins, ses fatigues, ses angoisses et ses peines. En deçà de ses mots. Ou par-delà. Au choix, comme tu voudras. Elle me fait vibrer, et frémir. Sa façon de communiquer, par ses yeux et ses mains, est autrement plus riche de sens que le verbe compliqué qu'il lui arrive d'utiliser pour te parler et qui est si abstrait pour moi. Heureusement, je n'écoute que sa voix, et la musique qu'elle dispense à travers cet assemblage de sons qu'elle constitue pour toi. Cette voix est chaude et dense ; elle m'atteint en plein ventre.

De cette mosaïque de sons, émerge parfois mon nom : « Julie ». Cette mélodie-là, je la reconnais bien, ainsi que le mot « chat », qui revient si souvent dans les propos tenus. J'ai bien entendu aussi qu'elle a des compagnons : Charles Ubu et Ubu : Quels drôles de prénom ! Des prénoms de rois tout-puissants et un peu enfants, si j'en crois ce que tu m'as raconté, une fois ! J'écoute avec beaucoup d'intérêt tout ce qui se dit à leur sujet : ce n'est pas si fréquent que tes patients s'attardent de cette manière sur les faits et gestes de mes congénères ! Je bois du petit lait lorsqu'elle décrit ces forêts de l'Afrique où Charles Ubu est censé avoir fugué pour s'évader de ce monde coutumier où il s'ennuyait... C'est ma façon à moi de voyager ! C'est te dire que, pour ma part, je n'éprouve aucune jalousie à vous entendre parler de ces deux et même trois chatons qui peuplent sa maison, qui font chanter son cœur et danser son imagination. An contraire, je m'en réjouis car, à travers ces petits récits pleins de poésie, Cécile, sans s'en apercevoir, élabore peu à peu son vécu et aménage, de par son écriture, son espace intérieur.

Tu es restée surprise, en effet, de constater ce que tu as nommé « la synchronicité » de votre décision d'écrire, chacune de votre côté, au sujet de vos chats ! Moi, ça m'a amusée. Mais pas bien étonnée. Je suis votre muse. De ma présence discrète émane une harmonie secrète qui est là pour vous inspirer. Encore faut-il savoir m'écouter ! Mais Cécile et toi semblez assez ouvertes à ce que je distille de manière subtile pour parler à votre sensibilité. Je dois le dire, j'ai senti beaucoup d'affinités entre chacune de vos personnalités et ma propre identité de chatonne autrefois « névrosée » : c'est par ce mot, je crois, que vous désignez, de manière un peu grossière, certains petits problèmes ou blocages de l'affectivité... ? Oui, bien sûr. Ce doit être beaucoup plus compliqué que ça et j'en ai, sans doute, une vue simplifiée. Ce que je veux dire, c'est que moi aussi, jadis et comme vous, je me suis sentie abandonnée. J'en ai gardé des cicatrices indélébiles longtemps après. Mais l'amour inconditionnel de ma maîtresse a été si puissant que je me sens, maintenant, parfaitement équilibrée et capable de soigner à mon tour. Comment ? En secrétant innocemment, comme je le fais, par ma présence et ma chaleur, par mon ronron et mes odeurs, une énergie subtile que seuls, les corps et les cœurs blessés sont capables de capter. Et de reconvertir en créativité, propre à chaque individualité. Alors, ne sois pas étonnée de constater les fruits qui ont éclos à l'occasion de nos rencontres. Contente-toi de les cueillir et de les apprécier à leur juste valeur. Sans fausse pudeur. Et sans te laisser démonter par ceux qui pourraient critiquer la nature des liens qui ont pu se nouer à l'intérieur de ton cabinet, entre moi l'animal, ce tiers vivant qui paraît déplacé, et tes patients. Je me sens à ma place, moi. Juste comme il le faut. Pas trop encombrante, mais disponible au regard, et à la main qui veut bien me caresser.

Avec Cécile, il est vrai, je me suis montrée plus active : je me suis déplacée à plusieurs reprises, et elle l'a interprétée de différentes manières : Elle s'est, une fois, sentie abandonnée parce que j'étais sortie à son arrivée. Ma présence lui a manqué. Un autre jour, où je lui avais, en quelque sorte, « chipé » sa place sur le divan où elle s'assied — d'ailleurs de manière un peu rigolote ! — et où je me suis, finalement, installée sur tes genoux, je l'ai sentie horriblement vexée ! Je m'étais autorisée à te préférer à elle, et à la délaisser ostensiblement. Elle en a conclu, très lucidement, qu'elle ne « tenait pas sa place », n'étant « pas reliée ». C'est vrai que ce jour-là, et d'autres assez semblables, je ne la sentais pas ouverte et j'avais besoin de le lui signifier. Je percevais les raideurs et crispations de son être qui était devenu tellement dur et fermé que la seule manière pour moi de l'atteindre était de me refuser. Plutôt que de rester à côté d'elle à me faire cajoler par sa main repliée tandis que sa pensée continuait à galoper de plus belle en faisant tout pour s'évader de la situation, j'ai préféré m'éloigner, et me préserver de ce rôle d'échappatoire qu'elle me faisait jouer. En même temps, je venais te dire, à ma manière : « Laisse-moi faire et ne dis rien ! » Au bout d'un moment, tu as éprouvé le besoin de me renvoyer vers elle : Tu supportais mal le chagrin de Cécile. Tu as le cœur trop sensible ! Tu m'as poussée sur le divan, en direction de ses genoux : j'ai passé mon chemin, en dépit du courroux que j'ai ressenti dans tes mains lorsqu'elles ont esquissé un geste pour me retenir. Il faudrait faire davantage confiance à mon instinct ! Lorsque Cécile a eu un peu compris le sens de mon va-et-vient, alors j'ai pu revenir me lover auprès d'elle et lui offrir le cadeau de ma présence : parce qu'elle s'était rendue capable de l'accueillir, en acceptant de s'ouvrir à la béance qui faisait pleurer son cœur à l'intérieur de son silence.

En cette circonstance, je me suis montrée plus avisée que toi et meilleure thérapeute. Je ne voudrais pas te froisser, mais Cécile ne s'y est pas trompée... Il n'en est pour preuve que ce nouveau projet mis récemment en chantier et dont je l'écoute parler depuis quelque temps. Là, je suis la première concernée. Si j'ai bien compris ce dont il s'agit, me voici promue au rang de thérapeute en chef, puisque le titre des nouveaux travaux de plume de notre patiente commune, s'intitule : « Le psy-chatnalyste ». Le peu que j'en ai entendu me remplit d'aise. Cécile m'y décrit longuement, et m'y pare de toutes les qualités requises pour te remplacer avantageusement. La tâche s'annonce difficile, et le cheminement sera lent pour ouvrir les portes de toutes ces prisons auxquelles elle a donné des noms si éloquents, tels : « le mur du silence »... Mais je ne ménagerai pas ma peine et je suis imbattable pour ce qui est de la patience !

A dire vrai, je n'ai guère à me fatiguer. Il me suffit d'exister. Dans la présence et dans l'absence. Cécile m'a intériorisée. Et me fait lui parler. Pour l'instant, la petite fille esseulée qui pleure en elle a du mal à faire entendre le chant de sa douleur. Le psy-chat que je suis habite son cœur. Peu à peu, elle apprendra à m'écouter et à savourer les émotions dont elle a si peur. Alors les murs de ses prisons tomberont. Les braises de ses yeux lanceront mille feux. Son corps s'habillera de toutes les couleurs. Son visage sera heureux. Elle aura appris à parler ; et à danser. Elle goûtera au bonheur.

Nous n'en sommes pas encore là. Mais il me plaît d'y rêver tandis que je m'attarde auprès de sa silhouette maigrelette. Je m'étale le plus béatement possible, dans les poses les plus évocatrices de la détente et de la volupté, pour l'inviter à m'imiter et à goûter la douceur de ce repos. Je l'incite, par mes attitudes, à tâter mes rondeurs et à les apprécier, dans l'espoir d'éveiller son désir de s'en revêtir elle aussi. Vais-je y parvenir ? L'avenir le dira... En tout cas, je prends très au sérieux ma fonction de « Psy-chat ».

Tu n'es pas jalouse, au moins ? Je plaisante, tu sais, quand je dis suppléer avantageusement à ta fonction de thérapeute !

Que serais-je sans toi ? C'est notre collaboration harmonieuse et tacite qui attise peu à peu la flamme de la vie. Comme un feu qui crépite, puis s'éteint et couve sous la cendre, pour rejaillir soudain en flammes bondissantes et danser sous le vent, et s'éteindre à nouveau pour repartir encore ; ainsi va la thérapie de Cécile. Toi et moi, nous sommes un peu comme les ailes du vent sous le souffle de l'Esprit. Pas plus toi que moi ne sommes maîtres du devenir de ce feu allumé et entretenu par l'Esprit

Car : « L'Esprit souffle où il veut, et tu entends sa voix, mais tu ne sais d'où il vient ni où il va ». (Evangile St Jean III, v. 8).

Inclinons-nous toutes trois devant ce radieux mystère.

⁂

Ma petite Julie, je te remercie !

Je suis dans une profonde admiration devant la sagacité de ma chatte. Je confirme ses dires. Cécile, chaque jour, poursuit sa thérapie en écoutant Julie qui préside aux séances, y compris dans l'absence. La rédaction de l'écrit intitulé « le psy-chat-nalyste » progresse lentement. Ma patiente est consciente que, de ce petit cahier fidèlement apporté dont, seule, elle a eu l'idée sans que je m'en mêle, va émerger peu à peu un chemin d'ouverture à un avenir meilleur. Laissons-la poursuivre, dans l'intimité de ce lieu qu'elle a choisi, cette tâche difficile et dont elle sait bien que cela peut durer des années. D'avance, elle l'a bien différenciée de l'écriture de ces contes pour enfants qui seront peut-être publiés un jour. « Le Psy-chat-nalyste » a une tout autre portée. Cécile s'y met vraiment sous la dictée de cette « altérité » que l'existence de ma chatte lui fait apercevoir, et qu'elle a tant de mal à accepter. Laissons-la continuer dans le secret.

Quant à nous, il est temps, maintenant, de clore ce récit. Il y aurait encore beaucoup à raconter, des exploits de Julie et de l'aide qu'elle ne cesse d'apporter à ces thérapies qui se vivent dans mon cabinet. Chaque jour ou presque, un patient ou un autre la regarde et s'exclame en voyant ses poses alanguies, signes manifestes d'une mise en confiance totale, qu'il voudrait bien pouvoir l'imiter. Le corps de l'animal abandonné, ouvert, offert, constitue pour chacun de ceux qui passent, un objet d'envie, et une invitation à adopter la même sérénité — voire, la même philosophie de la vie, si tant est que l'on puisse en attribuer une à Julie !

Je pourrais vous raconter encore de multiples anecdotes. La moisson chaque jour s'enrichit. A quoi bon ? Vous l'avez bien compris : Julie n'est pas seulement un animal de compagnie. Elle est aussi pour moi un auxiliaire précieux, aux multiples fonctions. Je n'en finirais pas de vous les présenter. A vous, maintenant, d'expérimenter, si le cœur vous en dit, ce que vous pouvez vivre d'original en compagnie d'une autre Julie !

Pour résumer ce que j'ai essayé de faire partager, je dirais que ma chatte est, d'abord, un être vivant. A ce titre, elle est, pour tous ceux qui l'approchent, un pôle d'attraction : Elle dort, s'éveille, bâille et s'étire. Son bel œil s'entrouvre puis se ferme, comme pour vous faire « coucou ! ». Sa langue lustre son poil qui vous électrise. C'est une boule d'énergie. Elle diffuse la chaleur. Elle irradie la vie. Peut-être ai-je gardé de mon enfance un peu esseulée, le besoin impérieux de sa présence discrète et silencieuse. A ce titre, Julie vient combler mon manque et remédier à la solitude foncière de l'analyste que je suis. Mais cela vaut tout autant pour chacun de mes patients : confronté à la solitude du divan, et aux pulsions parfois violentes qui peuvent s'y réveiller et menacer de destructurer sa personnalité, il retrouve en Julie la pulsion de la vie qui vient battre au rythme du ronron mouliné par sa gorge déchaînée. Lorsque je travaille avec mes patients, c'est le meilleur de moi-même qui est mobilisé pour se mettre dans un état d'écoute optimum, dans la disponibilité de la tête et du cœur. Quant au corps, il est au repos. C'est dire que j'ai appris, au fil des années à l'asseoir de telle sorte que la détente l'habite au maximum et que l'énergie y circule librement. Quoi d'étonnant dès lors, à ce que Julie en fasse autant ? Nous vivons toutes deux en grande harmonie. Elle sent lorsque je suis énervée et tendue, et le manifeste par des comportements agressifs, on l'a vu. Mais la plupart du temps, quand je travaille, je suis bien relaxée, détendue : Julie dort, les quatre pattes en l'air. Elle exprime souvent, par ses postures mes dispositions intérieures.

Je dirais même qu'elle les connaît mieux que moi, et avant même que je n'en aie pris conscience ! C'est là, pour moi, l'aspect le plus surprenant de son action auprès de mes patients.

Il est arrivé plusieurs fois, on l'a vu, que ma chatte se déplace au cours d'une séance, et agisse en synchronicité avec ce qui se passe, comme en réponse ou en écho à la parole qui est en train de se poser. Je fais l'hypothèse que Julie, de par son instinct très fusionné au mien, constitue une sorte de prolongement de moi-même et l'agit ; ou encore, dans ses comportements à ces moments précis, je la perçois comme une incarnation de quelque chose de l'ordre de mon propre inconscient. Elle véhicule et exprime l'aspect le plus « animal » de mon être pulsionnel tandis que je suis, la plupart du temps, en état d'« attention flottante », c'est-à-dire totalement ouverte et disponible à ce qui se dit et à ce qui se vit. Mon corps, relâché est vide et perméable aux ressentis de mes patients et parfois réagit, à sa façon, à leurs propres émotions : battements du cœur qui s'accélèrent, intense chaleur ou frissons... autant de phénomènes qui traduisent bien, à leur manière, mon intense participation à ce que vivent mes clients. Mon degré de vigilance est pourtant important, au cœur de ces situations. Mais je crois que ma « conscience » se situe à un autre niveau : celui du préverbal, celui de l'animal à l'affût, qui guette il ne sait quoi. L'animal aux aguets, lorsqu'il paraît dormir, est en réalité dans une communication privilégiée de tous ses sens éveillés avec ce qui l'entoure. Julie est, pour ainsi dire, le succédané de la part d'animalité qui est en moi, et qui communique avec ce qu'il y a d'animalité en chacun des patients concernés. Ainsi, la présence de Julie est le support tangible à travers lequel l'aire de résonance que je constitue pour mes patients est répercutée, amplifiée et signifiée. C'est son corps qui, en raison de notre intimité, devient parfois l'intermédiaire visible où s'effectuent le rassemblement et l'échange des vécus infra-humains qui ont permis au sujet de subsister : ma chatte, de par son animalité, ouvre le chemin vers plus d'humanité.

Cela explique en partie, je pense, qu'elle ne joue ce rôle actif que dans certains cas bien précis ; et ne bouge pas d'un poil dans d'autres thérapies. Certains patients se montrent totalement indifférents à la présence ou à l'absence de l'animal. Leur corps a-t-il seulement perçu son existence ? Julie, quant à elle, ne leur témoigne aucun intérêt ; ne les approche ni ne les fuit. Il s'agit, le plus souvent, de personnes dont la structure psychique est assez élaborée. Toutefois, il peut arriver que, lors d'une phase de régression un peu poussée, Julie, de façon très inattendue, soudain soit vivement perçue, ou bien entre en scène de manière active auprès du sujet, tout ému d'un coup, de sa présence opérante.

Il n'est pas rare, d'ailleurs, que ce soit précisément son intervention qui, devançant ma perception, attire mon attention sur ce qui se vit et en éclaire le sens. A ce titre, elle est un outil vivant de la thérapeute que je suis. Elle précède mon intuition, éclaire mes sensations, dénoue ce qui était bloqué. Elle est un projecteur qui met en lumière certains points d'obscurité. Elle est, surtout, ce condensé de liens projetés qui, grâce à elle, se dénouent pour délivrer la vie. Elle est libératrice d'énergie. Merci, Julie !

Aire de résonance ; corps de chatte à la fois dense et opaque ; et pourtant doué de transparence puisque traversé par le sens qui éclot au cœur de nos séances ! Oui, tu le mérites bien ce nom de « Psy-chat-nalyste » que t'a attribué Cécile ! Aujourd'hui encore tu as consenti à lui offrir, de manière quasi réflexe, ton corps si doux ouvert à sa main qui le cherchait... Elle qui se sentait complètement fermée, butée, drapée dans son orgueil blessé, emplie d'hostilité, cette offrande immédiate de ton corps si confiant l'a mise dans l'émerveillement. Et elle a murmuré : « Comment peut-on s'abandonner ainsi ? » Tu lui as montré que ce n'était pas compliqué : il suffit de s'ouvrir et de donner ! L'instinct de ton animalité a été un chemin vers un don consenti à plus d'humanité.

Dès lors, nous ne pouvons plus nous étonner autant de constater le rôle que font jouer mes patients à Julie, au gré de leurs « ressentis » et des événements de leur vie. Elle est cet être vivant auquel ils peuvent s'identifier ou sur lequel ils peuvent projeter leurs sensations, leurs émotions, leurs sentiments. Elle peut être, aussi, nous l'avons vu, une sorte de succédané du psychothérapeute-analyste, que le patient est autorisé à toucher, à caresser, à embrasser... ou à menacer sinon à chasser ! De qui, en tout cas, il peut parler sans en avoir l'air, que ce soit dans l'amour ou dans la haine ; et à qui il peut éventuellement confier un secret au creux de son oreille discrète. Mais le patient peut aussi voir en ce « double » du thérapeute un être affectueux, plein de compassion et d'amitié, qui vient parfois toucher son corps et en prendre soin, en lui diffusant sa chaleur et lui faisant des câlins ! A travers toute cette variété de significations, ma chatte joue le rôle d'« objet transitionnel », à travers lequel se vit souvent, l'apprentissage de la relation à l'autre, dans la distance et le respect. Et aussi dans l'absence.

Image de soi, image de l'autre, relation de soi à l'autre et de l'autre à soi... Apprentissage de la différence, aussi, et témoin de la valeur de nos désirs !

Quant à moi, j'ai été, je dois le dire, très « prise » par ce récit. J'y ai trouvé grand intérêt. Ce projet mûrissait en moi depuis longtemps déjà. Ce qui m'a décidée, c'est la curiosité qui s'allumait dans l'œil de mes amis lorsque je leur racontais les hauts faits de Julie. Je me suis sentie alors très motivée pour les faire partager.

Mais c'est surtout moi que ce travail a gratifiée. Il m'a nourrie et enrichie. J'ai découvert, peu à peu, combien Julie me renvoyait ma propre image. Déjà elle m'apparaissait comme une part de moi-même que j'avais projetée sur elle. Mais cela restait assez nébuleux à mes yeux. Je savais qu'elle répondait à mon besoin de contact ; qu'elle constituait aussi l'objet de substitution susceptible de remédier à certaines frustrations que les circonstances de la vie ont imposées à mon corps et à mon cœur. Et j'en souriais, pleine d'indulgence amusée à l'égard de mes faiblesses avouées, mais aussi de reconnaissance attendrie pour ma petite Julie !

Mais j'étais loin d'imaginer à quel point je tenais à mon animal familier, et quelle importance elle avait dans ma vie.

Ce qui s'est progressivement fait jour, au fil des années, c'est combien je pouvais être touchée au plus profond de mon être par chacun des épisodes décrits des interventions de Julie.

C'est parce que, peut-être, l'histoire de mes patients a fait écho, par un biais ou par un autre, à quelque chose de mon histoire personnelle ou familiale, que ma chatte, elle aussi, a été touchée et agie, en quelque sorte, à distance, et a réagi :

elle exprimait, sans doute — je l'ai dit —, la part d'animalité inconsciente de la personne présente ; mais aussi la mienne — je dirais même : surtout la mienne. C'est cette part la plus animale de mon être qui, par l'intermédiaire du corps de Julie, va revendiquer la chaleur de sa présence et sa caresse, pour le corps noué de souffrance de celui qui s'est senti abandonné ou rejeté. C'est mon vouloir-vivre le plus primitif qui, à travers la chanson régulière du ronron égrené, dit à celui qui est désespéré, en déni de sa vie, que celle-ci vaut la peine qu'il se donne à elle. C'est mon refus viscéral le plus archaïque d'être traitée comme un objet, et manipulée ou violentée, qui se dit à travers les silences de Julie, alors sourde aux injonctions véhémentes de celui qui tente vainement de se l'accaparer... En un mot, tout ce que j'ai relaté des attitudes ou actions de ma chatte, n'est-ce pas l'expression et la mise en actes de ce qu'une part de moi, que je ne laisse pas suffisamment affleurer pour pouvoir être parlée à ce moment précis du travail, ressent préfondément et se laisserait volontiers aller à exprimer si je lui en laissais la liberté ? Ma chatte, au cours de ce récit, m'est apparue plus que jamais comme un miroir de moi-même dans ce qui reste de l'ordre du préconscient et qui n'est pas formulable directement dans mes rapports avec mes patients.

Mais alors, me direz-vous, c'est du « passage à l'acte » ! — j'ai déjà répondu à l'objection. Avec Julie, c'est vrai, la matérialité du corps intervient dans sa réalité charnelle. La chair est prise en compte, pas seulement dans les mots et les émotions qu'ils font naître et qu'ils transportent. Mais aussi dans sa présence vivante, dans la densité de son être, son épaisseur, sa résistance et ses odeurs. Dans sa mouvance et sa chaleur. Dans son volume et ses rondeurs. Dans ses appétits, aussi, et ses dégoûts et ses rancœurs ; qu'il s'agisse d'analyse sur le divan ou de psychothérapie à proprement parler. J'ai expérimenté, à travers tous ces épisodes rapportés, et bien d'autres encore, combien la prise en considération de cette matérialité du corps dans la séance elle-même est parfois nécessaire et profitable pour dénouer des pulsions et les négocier autrement, et par-là réaménager l'espace intérieur d'un psychisme mal structuré ou dont le développement s'est enrayé.

Il en est, de ma chatte, comme de cette pâte à modeler que je donne parfois à l'un ou l'autre de mes patients — c'est rare, mais ça arrive — pour occuper leurs doigts machinalement, tandis qu'ils parlent, sur le divan ou en face à face. L'un d'eux s'en est emparé avidement. Il l'a reniflée avec délectation, puis l'a triturée sans y prêter plus d'attention... Cette idée m'est venue parce que cet homme se tordait les mains en tous sens, et parfois les torturait jusqu'au sang tout en les dévorant. Il avait souvent constaté la chose, et associé abondamment sur ce que cela pouvait bien signifier. Mais depuis que son corps peut manipuler la pâte à modeler, sa parole prend plus de poids ; et moi, de mon côté, je constate qu'en introduisant cet objet, j'ai autorisé le corps à se poser pour entrer dans la danse des significations autrement qu'en se détruisant.

C'est Julie qui m'a donné cette idée. Julie dont cet homme refusait la présence, parce qu'elle était trop vivante.

Ainsi, en autorisant Julie à entrer dans mon cabinet, j'ai pris le risque de la laisser participer à ce qui s'y vivait. Le fait de vous le raconter m'a amenée peu à peu à me laisser interroger sur le sens de l'interaction entre elle, mes patients et moi ; et aussi « l'inconscient » qui naviguait au milieu de nous trois. Ma pratique ne s'en est pas trouvée fondamentalement modifiée. Pourtant, une ouverture plus large peut-être s'est dessinée ; et aussi une plus grande liberté. C'est comme une respiration nouvelle, une sensibilité plus affinée.

Tout cela, je le dois à Julie, et aussi à tous ceux qui, chaque jour, viennent me faire l'honneur de les accompagner, sur le chemin difficile qu'ils ont entrepris d'explorer pour apprendre à aimer.

Qu'ils en soient tous remerciés.

Le testament anticipé de Julie

Je suis, une fois de plus, très touchée de ce que tu as écrit à mon sujet. Et plus émue encore de voir que tu me confies le soin de terminer ce récit. Je sens bien que tu tiens à me laisser le dernier mot. C'est une grave responsabilité ! J'ai éprouvé beaucoup de plaisir, je dois le dire, à te voir écrire tout ce que tu as pu observer de notre action commune auprès de tes patients. Parce que je t'ai perçue attentive à eux et concentrée sur ce qu'il advenait des énergies dégagées, je me suis laissée aller, en harmonie avec toi et en complément de tes comportements parfois, à m'occuper de ce qui parlait à ma sensualité. Sans en avoir l'air, à travers mon sommeil, je n'ai cessé de palpiter et de frissonner au gré des émotions des corps de tes clients. Les sentiments de leur cœur ne m'étaient pas non plus indifférents. D'ailleurs, corps et cœur... Voilà une distinction que les humains se plaisent à maintenir ; mais, reconnaissez-le, vous mélangez le plus souvent, les sensations de l'un et les « ressentis » de l'autre. Ne parlez-vous pas d'avoir le cœur serré ou dilaté ? J'entends certains te déclarer que leur cœur bat trop fort ou bien qu'il est chargé d'un poids. Un tel a le cœur lourd, ou au contraire joyeux et tout en émoi. D'autres se plaignent de leur cœur fendu, déchiré, broyé ou brisé ! Je t'ai même surprise en train de dire d'un autre qu'il avait le cœur sur la main ! A vous entendre discourir de façon aussi imagée, on peut supposer, en effet, qu'il existe une grande unité entre cet organe de la vie qui rythme le temps aux pulsations du sang et le siège des sentiments. C'est peut-être bien vrai, que le corps et l'esprit ne sont pas de nature aussi éloignée qu'on a pu le penser ! La preuve : ne suis-je pas en train de « penser », moi aussi !

N'est-il pas possible, après tout, que ce que vous appelez « le cœur » soit le moyen terme entre le corps et l'esprit ? Pendant longtemps, je crois, vous avez situé celui-ci dans la cervelle. Le peu de poids de la mienne me reléguait au plan des « pauvres en esprit ». On dit bien qu'un certain royaume leur appartient. J'espère donc faire un jour partie de ceux qui auront accès à ce paradis ! Mais si le cœur a son rôle à jouer pour accéder à un psychisme élaboré, eh bien... du cœur, j'en ai !

Je me suis beaucoup exercée à l'observer ces temps derniers. Il est d'une grande régularité. Il bat à un rythme rapide et cadencé. Sauf dans certaines circonstances qui le font s'emballer. Ainsi en était-il ce matin : Une boule de feu terrifiante a roulé dans le jardin avec un grondement d'enfer. Vous appelez cela le tonnerre. Je me suis précipitée sous l'armoire pour m'y cacher, malgré tes appels réitérés pour m'inviter à me pelotonner dans tes bras. Ne te moque pas ! L'orage, c'est ma terreur. Des frayeurs de ce genre m'aident à comprendre l'ampleur des émotions qui peuvent déchaîner le cœur des personnes en proie à la violence de l'angoisse, de la colère ou de quelque autre passion. Car mon petit moteur, à cette heure, a mis longtemps à retrouver la paisible rythmique des pulsations qui me le font oublier habituellement tant cela va de soi.

Mon cœur, dans son affolement, m'a dit que j'avais peur. C'est ce même cœur qui, souvent, de par la chaleur qu'il répand dans mon corps tout entier en y pulsant le sang, me rend si douce et si câline auprès de tes patients.

Tu t'es souvent étonnée de l'à-propos de mes comportements à leur sujet. C'est tout simple pourtant. Quand leur cœur se déchaîne comme l'a fait le mien tout à l'heure, ils secrètent, je ne sais comment, une odeur sui generis et qui transpire à fleur de peau. Je suis prévenue aussitôt. Mon propre cœur en est ému. J'ai entendu à ma manière l'appel de leur chair, dont ils ne savent même pas qu'elle est un émissaire de leur détresse — ou de leur joie, parfois !

Ainsi, vois-tu, à travers ce lien qui me relie à toi, je suis en prise directe avec tout ce qui, de l'humain, touche de près ou de loin à l'instinct et à la sensualité. A ce titre, les corps de tes clients me parlent tout autant que je leur parle. J'aime leur chaleur : celle des corps et aussi celle du cœur. C'est pourquoi je leur apporte la mienne lorsque la leur a perdu sa ferveur.

J'apprécie la douceur : des touchers, des voix et des odeurs. Quand j'entends une fêlure dans la mélodie de celui qui parle, je m'éveille et je viens ronronner pour réparer sa cassure et le ré-harmoniser.

Tu as souvent évoqué ma senteur âcre, un peu sauvage. Moi, je reconnais la tienne, bien sûr ; mais aussi bien celles de chacun de tes patients. Je les découvre à travers leurs caresses et tout ce qu'ils expriment de tendresse par ces gestes furtifs esquissés en catimini pour effleurer ma robe ou lisser ma moustache du revers de la main. Mon intimité avec certains habitués est telle que je peux aller jusqu'à décrire la saveur de leur peau ! Par discrétion et pour éviter leur confusion, je ne citerai pas de nom. Mais je peux évoquer la finesse pulpeuse d'une jeune demoiselle. Elle fleure le lait et le miel. Je n'ai aucune honte à reconnaître qu'il m'arrive de coucher à ses côtés pour m'en repaître ! Il me vient aussi, en réminiscence, l'acidité un peu sauvage de cette chair brune à gros grains dont le parfum musqué me fait me trémousser de volupté. Je ne peux résister au plaisir de lécher discrètement le doigt qui me flatte, ravie de l'attention délicate et enivrée par cette odeur tenace. Et que dire de l'amère saveur de la sueur qui suinte sous les aisselles de celui ou de celle qui exhale sa souffrance dans un soupir au creux de ton oreille vigilante ? Là, je me montre particulièrement soucieuse de le rassurer par la densité de ma présence sécurisante, tout en savourant l'objet de ma concupiscence — la transpiration est une de ces sécrétions dont je suis particulièrement friande !

Mais... je crains de te choquer et n'irai pas plus loin dans l'exposé des plaisirs de ma sensualité. Je voulais simplement te montrer combien tu disais vrai : Mon corps est le support à travers lequel peut se vivre votre animalité, en deçà de la parole, et pourtant si lourde de signification et tellement chargée d'émotion !

Par contre, je puis sans honte te faire partager la joie que j'ai éprouvée à te susurrer tous ces secrets que je t'ai permis de divulguer. Je te remercie de m'avoir fait l'honneur de me prêter ta plume. C'est une expérience merveilleuse pour moi.

Tu t'es demandé parfois pourquoi je m'employais si abondamment à décrire les détails de ma vie de chatte : mon sommeil, mes jeux, mes activités de chasse, la façon de me nourrir... Tu as eu l'impression, à certains moments, que je m'éloignais de ton sujet. Tu as eu, malgré tout, la gentillesse de m'écouter. Je suppose qu'aujourd'hui, tout s'est éclairé : Ce n'est pas seulement le plaisir de m'exprimer, qui m'a fait te raconter si longuement ma façon d'assouvir mes pulsions de tous ordres ; c'est aussi et surtout le désir d'éclaircir à tes yeux par quel tissu caché nous sommes si étroitement reliés, moi le félin et vous les humains : la trame de l'animalité.

Je suis ravie, vois-tu, de réhabiliter ainsi la vie et les plaisirs des corps, au cœur de tes thérapies, pour les réconcilier avec l'esprit.

Je voudrais, pour finir, entonner un bel hymne à la vie, afin de célébrer cette union du cœur et de l'esprit. Toi qui as cette capacité si développée de vibrer au même diapason que ceux que tu côtoies, essaye d'en profiter pour leur communiquer, à ton tour, la même sensualité et ce goût de la volupté qui est signe de bonne santé et de vitalité.

Entends-tu le bruit sourd du désir qui bat comme un tambour aux tympans de celui qui a le ventre lourd des flammes de l'amour ? Il secrète une odeur qui dilate les sens en appétit et les ouvre à l'accomplissement de la vie qui jaillit. Je t'invite à goûter à la légèreté de la danse aérienne des chairs émerveillées qui tressaillent d'allégresse dans la fulgurance des extases parfumées. N'as-tu pas déjà éprouvé la saveur enivrante de la sève qui court à travers les corps emmêlés dans la générosité du don échangé ? C'est comme un ruisseau de miel sauvage qui frémit sous la peau et inonde les flancs palpitant d'une fraîcheur exquise. Il faudrait écouter les friselis éblouis qui tintent au creux des oreilles énamourées, où se balbutient les tendres chuchotis des étreintes échevelées. Laissons chanter la vie qui s'épanouit comme une fleur de velours aux fontaines du plaisir dans l'éblouissement de l'amour.

Je dédie ce chant chatoyant à tous tes patients. Que leur existence en soit illuminée.

Quant à nous, tendre maîtresse, nous continuerons à échanger nos caresses et à diffuser notre tendresse.

Ce sera le dernier cri de mon cœur.
Le cri du cœur de Julie
dite « la chatte aux thérapies ».

Au pays des pauvres en esprit,
ce 15 juin 1992,
Julie.

ANNEXE 1

CONFIDENCES DE CECILE A JULIE

Lundi 15 heures ; je suis à nouveau dans ce lieu où je viens à la rencontre de mes démons intérieurs. Mais... une présence ici va m'aider à poser ces armes que je manie avec tant de ténacité face à ces monstres hideux contre lesquels je mène un combat acharné. La voici : elle assure son entrée en scène par quelques entrechats, et de sa démarche féline s'approche pour s'installer à mes côtés — une boule de douceur contre une boule de résistance. Présence ô combien chat-l'heureuse, rassurante ; bouffée de bien-être venant apaiser mon mal-être. Ses tendres ronronnements me rappellent à la vie : le plaisir existerait-il ? Ses quelques poils écaille de tortue ne sont en rien le signe d'une carapace ; je ne lui connais en effet que des attitudes d'ouverture et de confiance : elle reçoit mes caresses avec grand plaisir et sait également m'en demander. C'est ainsi qu'elle m'apprend à m'ouvrir et à être douce avec moi-même. En s'exprimant avec la totalité de son être, elle me ramène aux nécessités de mon corps et de mon cœur ; elle sait que seul le ressenti permet une relation vraie. Depuis notre rencontre, que de précieux messages m'a-t-elle glissés à l'oreille !

Au terme de cette longue errance qu'est la mienne, te voici enfin ! Tu es le chat que je souhaitais tant avoir à mes côtés lorsque j'étais enfant. Tu m'as fait retrouver la petite Cécile qui est là, toujours en moi et qui attend d'être aimée. Tu l'as fait renaître à elle-même dans les quelques contes que je viens d'écrire, en lui faisant vivre des moments d'amour qui me font apparaître aujourd'hui qu'elle n'aspire qu'à la vie. Ces messages d'amour que nous échangeons secrètement sont une main tendue vers ma souffrance. Tu es ma complice dans ce fabuleux voyage. J'espère que tu feras toujours apparaître ce sourire sur mon visage habituellement si fermé et dans mon regard, cette merveilleuse étincelle que je garde bien précieusement jusqu'à ma prochaine visite chez toi, JULIE, la psy-chat-nalyste de l'impasse du Romarin.

ANNEXE 2

Un conte de Cécile en l'honneur de Julie

UN GENTIL BALUCHON...

Les dernières senteurs de l'été s'étiraient... et dans le hameau de Chantemerle on se préparait à passer l'hiver.

C'est avec amertume que le gentil chat noir de la ferme regardait les réserves de bois empilées dans les granges.

— Tu as l'air bien sombre depuis quelques jours Charles Ubu ! Es-tu malade ? lui demandèrent les hirondelles.

— Oh ! Je suis bien triste, l'hiver approche maintenant à grands pas, et il fait ici un froid de canard. L'idée d'avoir les pattes gelées et le poil givré me glace déjà le dos.

— Nous ne connaissons pas ces rigueurs, chantèrent les hirondelles, nous prenons toutes ensemble notre grand vol dès le mois d'octobre, et nous partons pour un pays où il fait très chaud !

— Comme vous avez de la chance ! Si au moins j'avais des ailes ! Mais non, la nature est mal faite, elle ne m'a donné que des poils noirs, qui ne suffisent pas à me réchauffer l'hiver.

Sur cette triste constatation, notre chat rentra chez lui en trouvant la vie bien cruelle.

La nuit porte conseil se dit-il en se couchant...

Et c'est bien vrai, il fit un rêve fabuleux : il se voyait déguisé en fakir et, sur un tapis volant, il était transporté dans les airs...

Il admirait le paysage se déroulant sous ses yeux...

A son réveil, l'étincelle jaillit dans sa tête...

Le jour pointait à peine, mais il ne tenait plus en place. De ses petites pattes pressées, il se dirigeait vers le nid de ses deux amies hirondelles.

Chemin faisant, il les appelait déjà :

— Eclair ! Voltige ! Réveillez-vous... J'ai eu, cette nuit, une idée lumineuse. Je vous explique : Je vais me fabriquer un tapis pour partir avec vous. Il vous suffira simplement de passer votre bec dans des petites attaches, et ainsi mon tapis volera ! Alors, voulez-vous m'emmener ?

Voltige ne partageait pas son enthousiasme...

— Charles Ubu, nous ne voulons pas te faire de peine, mais ton idée lumineuse ne considère pas tellement ton poids. Tu es un gros chat, et nous avons des milliers de kilomètres à faire pour atteindre l'Afrique.

Ennuyée de lire la déception dans les yeux de son ami, elle ajouta :

— Eh bien, nous allons poser la question à toutes les hirondelles qui voyagent avec nous, et nous viendrons te donner la réponse.

Notre pauvre chat venait de passer sa journée à ruminer des idées noires.

Le soir venu, il était triste et bien seul dans un coin de la grange.

Alors qu'il pleurait à chaudes larmes, il fut soudain entouré d'une myriade d'hirondelles...

— Coucou Charles Ubu ! chantèrent-elles toutes en chœur. Nous sommes d'accord, nous t'emmenons pour ce grand voyage, à la condition que tu perdes d'ici le départ un bon kilo !

Le poids de la tristesse en moins, notre chat se leva d'un bond, il volait presque, tant la joie le rendait léger... Mais... l'idée de devoir maigrir le ramena sur terre !

— Eh bien mes amies, je commence mon régime ce soir.

Le grand jour approchant, les hirondelles se rassemblaient sur les fils électriques, un peu plus nombreuses chaque jour...

Elles discutaient de leur itinéraire et de leur compagnon de voyage qu'elles avaient surnommé « le Baluchon ».

De son côté, Charles Ubu était bien songeur...

— Se procurer le tapis ne m'a pas été facile ; je ne dois plus en aucun cas éveiller les soupçons, alors je vais coudre les attaches durant les nuits.

Et puis le régime... le régime, c'est difficile ! Si ma maîtresse Clémentine se rend compte de tout cela, mon projet tombe à l'eau.

Durant la dernière nuit d'attente, il lui écrivit une lettre :

« Ma Clémentine chérie,

« Je suis parti pour un grand voyage et ne reviendrai qu'au printemps. Ne t'inquiète pas pour moi.

Ton chat qui t'aime. »

A l'aube du grand jour, alors que les habitants du hameau dormaient encore, Charles Ubu s'envola !...

Au décollage, ils frôlèrent la catastrophe :

La peur le fit gigoter sur son tapis, et il faillit déséquilibrer le convoi d'hirondelles.

Il se fit gronder très fort et n'osa plus remuer un seul poil !

Très vite, la situation se révéla peu confortable.

Les journées étaient longues et ennuyeuses ainsi, sans bouger et sans regarder le paysage !

Alors, pendant une nuit d'escale, poussé par la curiosité, il fit un petit trou dans son tapis...

Il pouvait ainsi admirer la campagne, les forêts, les fleuves qui défilaient sous ses yeux.

D'ailleurs, de jour en jour le panorama s'élargissait à mesure que le trou s'agrandissait... !

Bien sûr, il n'en avait rien dit à ses amies hirondelles, de peur de se faire disputer. Mais à chaque décollage, il entendait craquer la toile...

Si bien qu'un beau matin, alors que le convoi était à quelques mètres du sol, le tapis s'éventra : le baluchon fit une descente vertigineuse.

L'atterrissage fut douloureux...

Eclair et Voltige étaient restées sourdes aux cris de panique de leur compagnon de voyage.

Elles s'éloignaient, croyant toujours transporter leur ami.

— Je suis maintenant puni de ne pas avoir fait mon régime, se dit-il... Me voilà seul et complètement perdu.

Désespéré, Charles Ubu pleurait toutes les larmes de son corps...

Attiré par ses plaintes, quelqu'un s'approcha de lui et dit :

— Que fais-tu seul ici ? Es-tu blessé ?

Notre chat ouvrit désespérément les yeux ; il essuya les larmes qui lui brouillaient la vue et... Quelle surprise devant lui ! Une petite fille était là... Mais elle était toute noire !

— Les habitants d'ici ne se lavent donc jamais ? ou peut-être n'y a-t-il pas d'eau dans ce pays ? Charles Ubu s'interrogeait...

Déconcerté, il répondit brièvement :

— Je voyageais avec les hirondelles et je suis tombé, j'ai affreusement mal à la patte. Mais où suis-je ici ?

— Tu es en Afrique, lui répondit Minatta. Viens avec moi, nous allons rentrer au village.

Emmailloté dans le pagne de la fillette, Charles Ubu fit le voyage sur son dos.

Chemin faisant, il apprit que les habitants de ce pays avaient la peau noire. Il trouva cela bien amusant !

Est-ce parce qu'il était noir lui aussi, que l'accueil à son arrivée fut si chaleureux ?

La communauté villageoise se réunit le soir pour écouter son fabuleux voyage...

Puis, le chef du village s'adressa gentiment à ce nouvel arrivant tombé du ciel :

— Tu resteras aux côtés de Minatta ; elle t'emmènera demain chez le guérisseur qui soignera ta patte blessée.

De bon matin, ils partirent donc tous deux pour une visite chez le marabout.

C'est un chat terrorisé qui arriva chez ce vieux monsieur qui se montra vite rassurant :

— Ne t'inquiète pas Charles Ubu, le seul traitement que je te conseille est de rester bien confortablement installé dans le pagne de Minatta. Ainsi ta patte sera immobilisée et puis, sais-tu, petit chat noir, que l'amour soigne beaucoup de maladies.

Docilement, Charles Ubu accepta, toutes ces aventures l'avaient bouleversé, et il était doux de se laisser porter dans le dos de la fillette.

C'est ainsi que notre chat découvrit la vie d'un village africain.

Le puits était le rendez-vous matinal de toutes les femmes.

En échangeant les nouvelles, elles puisaient leur réserve d'eau pour la journée.

Elles se dispersaient ensuite, en direction de leur case, chacune portant une énorme bassine remplie d'eau sur la tête.

A ce moment précis, Charles Ubu craignait toujours de recevoir une douche magistrale.

De retour chez elle, Minatta préparait le feu à même le sol, alors que sa maman pilait le mil.

Un long moment de calme suivait. Elles s'installaient autour du feu, et remuaient calmement ce mélange de farine et d'eau qui allait constituer le plat de base.

L'après-midi était réservé au ramassage du bois et aux travaux des champs.

Il connaissait maintenant bien le déroulement de la journée, et c'est avec confiance qu'il berçait ses peines au rythme du corps de Minatta.

Les mouvements de la fillette se transformaient en une douce mélodie soignant son corps et réconfortant son cœur.

Cette musique, il l'avait entendue, il y a longtemps, lorsqu'il était encore dans le ventre de sa maman.

Puis, cette même mélodie s'était répétée lorsque Clémentine l'avait recueilli.

— J'étais vraiment très petit lorsque ma maîtresse me berçait dans ses bras pour me nourrir au biberon. Et je viens de comprendre que si je vis aujourd'hui, c'est grâce à cet amour. Je suis bien ingrat de l'avoir laissée passer l'hiver seule ; j'ai envie de la retrouver... Mais comment faire ?

Tout doucement, il fit part de son souhait à la fillette.

C'est un élan d'amour qui la fit répondre :

— D'ici quelques jours, ça sera la saison chaude ici, et les hirondelles fuient l'Afrique à cette époque. Elles regagnent ton pays pour annoncer l'arrivée du printemps. Nous allons retourner ensemble à l'endroit où tu es tombé, et allons les attendre.

Mais son cœur était serré par le regret. Elle aurait aimé garder ce petit compagnon à ses côtés, mais elle aussi pensait à Clémentine...

Pendant que Charles Ubu scrutait le ciel, Minatta cousait les attaches autour du pagne.

Un soir, avant même qu'ils les aperçoivent, les hirondelles se dirigeaient déterminées à retrouver leur baluchon, et ce fut bien facile, leur ami était au rendez-vous !

Les retrouvailles avec Eclair et Voltige furent chaleureuses. Ils passèrent leur soirée à se raconter leurs aventures respectives.

Le départ était prévu à l'aube, et c'est pour une dernière fois que Charles Ubu et Minatta dormirent ensemble.

Le dernier regard qu'ils échangèrent était brouillé par les larmes.

La fillette lui fit promettre de ne plus refaire de trou dans son pagne et de bien le garder en souvenir d'elle.

Cette année-là, quelqu'un à Chantemerle attendait depuis très très longtemps l'arrivée du printemps... et... cette année-là, ce fut Charles Ubu qui l'annonça.

TABLE DES MATIERES

ACHEVÉ D'IMPRIMER
SUR LES PRESSES
DE L'IMPRIMERIE S.E.G.
33, RUE BÉRANGER
CHATILLON-SOUS-BAGNEUX

Dépôt légal : novembre 1993
Numéro d'impression : 5471